Wilhelm Schwarz
**Eppendorfs Vergangenheit in Wort und Bild**

SeveruS

**Schwarz, Wilhelm:** Eppendorfs Vergangenheit in Wort und Bild
**Hamburg, SEVERUS Verlag 2013**
Nachdruck der Originalausgabe von 1925

ISBN: 978-3-86347-710-3
Druck: SEVERUS Verlag, Hamburg, 2013


Der SEVERUS Verlag ist ein Imprint der Diplomica Verlag GmbH.

**Bibliografische Information der Deutschen Nationalbibliothek:**
Die Deutsche Nationalbibliothek verzeichnet diese Publikation in der Deutschen Nationalbibliografie; detaillierte bibliografische Daten sind im Internet über http://dnb.d-nb.de abrufbar.

© **SEVERUS Verlag**
http://www.severus-verlag.de, Hamburg 2013
Printed in Germany
Alle Rechte vorbehalten.

Der SEVERUS Verlag übernimmt keine juristische Verantwortung oder irgendeine Haftung für evtl. fehlerhafte Angaben und deren Folgen.

SEVERUS

MIX
Papier aus verantwortungsvollen Quellen
Paper from responsible sources
FSC® C105338

Abbildung 1

Wenn wir das heutige Eppendorf mit seinen städtischen Straßen, mit seinen hohen Etagenhäusern durchwandern und beobachten, wie von hier durch elektrische Straßenbahnen und durch die Hochbahn die Bevölkerung in großen Massen dem sich mächtig ausbreitenden Hamburg zugeführt wird, so will es uns gar nicht in den Sinn kommen, daß dies Eppendorf auch dermaleinst ein selbständiges Dasein geführt als stilles und idyllisches Dorf. Und doch war es so. Dazu ist dieses Dorf Eppendorf weithin berühmt geworden, berühmt zunächst durch sein hohes Alter. In den Urkunden wird Eppendorf zuerst 1140 erwähnt; falls es aber, wie einige Chronisten annehmen, seinen Namen vom Erzbischof Ebbo führen sollte, so wäre es mit Hamburg fast gleichen Alters. Ebbo wurde nämlich von Ludwig dem Frommen, dem Sohne Karls des Großen, im Jahre 823 zur Ausbreitung des Christentums nach Nordalbingien, dem Lande nördlich von der Elbe, gesandt und soll hier eine Kapelle erbaut haben.

Ganz besonders bekannt und berühmt ist aber das Dorf Eppendorf geworden durch seine uralte *Kirche*. (Abb. 1, 2*, 3, 4). Das Vorhandensein einer Kirche in Eppendorf ist aus dem Jahre 1267 urkundlich beglaubigt. In diesem Jahre fanden nämlich Vergleichsverhandlungen zwischen dem Ritter Otto

Abbildung 2

von Barmestede und der Stadt Hamburg wegen der von ersterem aus hamburgischen Schiffen auf dem Störflusse geraubten Güter in der Eppendorfer Kirche statt. Da von einer großen, glänzenden Versammlung gesprochen wird, so muß die Kirche damals schon recht geräumig gewesen sein. Neben der Kirche befand sich schon früh eine Taberna, eine Gastwirtschaft, wo sich die aus weitentlegenen Dörfern kommenden Kirchengänger erfrischen konnten. Nach Eppendorf gehörten nämlich

---

*) Ehrenpforte zum Empfang von Pastor Hanne.

folgende Dörfer zur Kirche: Eppendorf, Winterhude, Harvestehude, Alsterdorf, Ohlsdorf, Fuhlsbüttel, Hummelsbüttel, Wellingsbüttel, Klein-Borstel, Groß-Borstel, Langenhorn, Nien-

Abbildung 3

dorf, Schnelsen, Eidelstedt, Lokstedt, Stellingen und Eimsbüttel. Im Jahre 1314 wurde die Kirche eingeäschert samt dem Turme, 1347 war sie längst wieder erbaut, natürlich aus Holz. Im Jahre 1622 ging man an einen Neubau des Gotteshauses. Vielleicht war es kaum fertiggestellt, als im Jahre 1626, im Dreißigjährigen Kriege, Tilly mit seinen Scharen das von den Dänen besetzte Eppendorf erstürmte und plünderte. Die kaiserlichen Soldaten nahmen die Kelche aus der Kirche weg, schlugen die Gotteskasten auf und plünderten alles aus. Schon im Jahre 1661 wurde eine bedeutende Ausbesserung des Gotteshauses vorgenommen, die Kirche wurde aus Felsen sehr dauerhaft aufgeführt. In der Mitte des 18. Jahrhunderts hat man dann

Abbildung 4

die Felsenwände mit Mauersteinen verblendet und den Turm dauerhafter gedeckt. Zur Erinnerung an diese Ausgestaltung hat man die Jahreszahl 1751 in großen Eisenziffern der Turmwand eingefügt. (Die Höhe des Turmes ist etwa 138 Fuß). In dieser Gestalt und Einrichtung hat sich die Kirche, abgesehen von größeren und kleineren Reparaturen, von dem Einbau eines neuen Glockenwerkes im Jahre 1893, bis an das Ende des vorigen Jahrhunderts befunden. Dann wurde eine gründliche Renovierung vorgenommen. Es zeigte sich, daß das

Dach des Gotteshauses abgängig geworden und die Orgel den neueren musikalischen Anforderungen nicht mehr genügte. Bei dem Gedanken der Anschaffung einer neuen Orgel trat lebhaft der Wunsch hervor, die von dicken Balken getragene wagerechte Decke durch ein Gewölbe zu ersetzen, damit die Möglichkeit einer besseren Höhenentwickelung gewonnen werden möchte. Mit der Ausarbeitung eines derartigen Entwurfes wurde der Architekt Julius Faulwasser betraut. Faulwasser schreibt: „Hierbei galt es zunächst, die Standfestigkeit der Wände von Grund aus neu zu sichern. Die ganze bis zu 40 Zentimetern aus dem Lot gewichene südliche Seitenwand mußte ein neues, zum Teil über 2 Meter in den Boden hinabreichendes Fundament erhalten. Da sich die nur einen halben Stein starke Ausmauerung der Fächer als ungenügend zur Abhaltung der Feuchtigkeit und zur Sicherung gegen Wärmeverlust erwiesen hatte, so ist jetzt die ganze südliche und östliche Kirchenwand unter Aussparung einer Luftschicht innen mit Gipsplatten bekleidet und übergeputzt. Bei der Herstellung des neuen Mauerfundaments hatte es sich gezeigt, daß der ganze Grund unterhalb der Kirche voll von Knochenresten lag. Infolgedessen wurde beschlossen, vor der Weiterführung der Arbeiten den Grund gänzlich auszuräumen, durch eine Sandschüttung wieder aufzufüllen und unter der ganzen Kirche einen starken Betonboden herzustellen . . . . Die alte Seitenempore der Kirche ruhte auf 15 unschönen eisernen Säulen und sollte nun soweit eingezogen werden, daß sie an den neuen Tragpfosten befestigt werden konnte." Bei dieser Umgestaltung erhielt auch die Kanzel einen neuen Platz am Tragpfosten vor der Sakristeitür; es wurde ein neues Gestühl eingebaut, und die Bilder wurden renoviert. Die Kirche erhielt insgesamt 650 Sitzplätze. Alle diese Arbeiten brachten es mit sich, daß nach einer Unterbrechung des Gottesdienstes in der Kirche von 34 Wochen derselbe erst am Sonntag, dem 8. März 1903, wieder aufgenommen werden konnte.

Im Rahmen des Berichtes über Reparaturen an der Eppendorfer Kirche mögen hier noch zwei Mitteilungen von Pastor Faaß und Kirchenbuchführer Singelmann Platz finden. Pastor Faaß berichtet: „Im Jahre 1801, als Ihre Magnifizenzen die Herren Bürgermeister A. J. Poppe und D. Linau Patrone des Klosters St. Johannis und folglich Landesobrigkeit, als die Herren Jacob Kopke und H. Schramm Klostervorsteher, als Herr Joh. H. Ludolf Pastor zu Eppendorf, die Herren Pann, Krogmann, Remstedt, Langloh Juraten der Kirche waren, waren Knopf und Flügel zuletzt neu vergoldet und bedurften nunmehr nach 62 Jahren einer Reparatur. Auf Beschluß des Kirchenvorstandes vom 7. Julius 1863, als die Herren Senatoren Tesdorf und Versmann Landesherren der Geestlande und somit Landesobrigkeit, August Heinrich Faaß Pastor an der hiesigen Kirche, die Herren F. Koch für den Eppendorf-Winterhuder, H. L. L. Timm für den Harveste-

huder, C. H. Behrmann für den Alsterdorf-Fuhlsbüttel-Langenhorner und J. H. C. Meyer für den Eimsbüttel-St. Pauli-Distrikt Juraten waren, sind Knopf und Flügel am 10. Julius heruntergenommen und unter Gottes gnädigem Beistand ohne allen Unfall zur Erde gekommen. Nachdem in demselben keine Schriften gefunden waren, sich aber wohl gezeigt hat, daß der Flügel an verschiedenen Stellen durchgescheuert war, so daß er in nicht langer Frist hätte herunterfallen können, ist beides, Knopf und Flügel, von dem Kupfermeister Blohm repariert, von dem Malermeister Schlupff neu vergoldet und soll nun heute unter dem Beistande des Herrn wieder an seine Stelle gebracht werden. Eppendorf, den 24. Julius 1863."
Singelmann schreibt: „Nachdem der Kirchenvorstand am 5. Februar 1909 die Reparatur des schadhaften Turmkupfers beschlossen hatte und die Ausführung der Arbeit durch Beschluß der Beede am 22. Februar 1909 dem Bedachungsgeschäft von A. A. Haase, Hamburg-St. Pauli, übertragen worden war, ist am 10. März 1909 der Knopf heruntergenommen worden. In dem Knopfe befanden sich nur zwei Flaschen, deren eine das von dem Eppendorfer Pastor Faaß geschriebene Blatt vom 24. Juli 1863 enthielt, welches wohlerhalten war. Der Inhalt der anderen Flasche, welche von den Handwerkern hineingelegt worden war, bestand aus einem durch Feuchtigkeit teilweise gänzlich unleserlich gewordenen Blatte, einer Apostrophe der 1863er Handwerker

an diejenigen Handwerker, welche in späterer Zeit den Knopf herunterzunehmen haben würden. Alles Heruntergenommene erwies sich als schadhaft und erneuerungsbedürftig, so daß Helmstange und Kupfersockel, Kugel und Wetterfahne vollständig erneuert werden mußten. Am 31. März 1909 soll die Kugel aufgebracht werden; in die Kugel sollen gelegt werden 1. die beiden in dem Knopfe gefundenen Blätter, nebst einer Abschrift der sehr unleserlich gewordenen Apostrophe der 1863er Handwerker, 2. ein Ausschnitt aus dem Hamburgischen Staatshandbuch für 1909, welcher die Namen der Mitglieder des jetzigen Kirchenvorstandes enthält, einige Angaben über die Entwickelung der Gemeinde Eppendorf in den letzten 30 Jahren, 3. einige Münzen, darunter ein Dreimarkstück, welches im Jahre 1908 geprägt worden war." Auch die Eppendorfer Kirche hat von ihren im Jahre 1893 auf den Turm gebrachten Glocken die beiden größten dem Kriege opfern müssen. Faulwasser berichtet: „Die alten Läuteglocken der Eppendorfer Kirche besaßen keinen guten Akkord, und ihr Klang wurde außerdem durch mitschwingende Obertöne unangenehm beeinträchtigt. Der Kirchenvorstand hat deshalb 1892 sich entschlossen, sie umschmelzen zu lassen. Die neuen Glocken waren von F. Otto in Hemelingen bei Bremen am 11. Februar 1893 gegossen, am 23. Februar ohne Unfall auf den Turm gebracht und am Sonntag Reminiszere zum erstenmal geläutet und eingeweiht. Die Inschriften hat Pastor Dr. Hanne ausgewählt. Sie lauteten: Auf der größten Glocke: Ehre sei Gott in der Höhe und Friede auf Erden und den Menschen ein Wohlgefallen. Auf der mittleren Glocke: Selig sind die Toten, die in dem Herrn sterben. Auf der kleinen Glocke: Dienet dem Herrn mit Freuden, kommt vor sein Angesicht mit Frohlocken."

Abbildung 5

Am Schlusse des Jahres 1924 ist die Gemeinde Eppendorf erst in der Lage gewesen, die dem Kriege geopferten beiden großen Glocken durch neue zu ersetzen. Die letzteren sind in der Glockenbauanstalt Franz Schilling Söhne zu Apolda in Thüringen gegossen worden, wurden am 4. Dezember unter zahlreicher Beteiligung der Bewohner Eppendorfs *feierlich eingeholt* (Abb. 5) und am 6. Dezember ohne Unfall auf den Turm gebracht. Die Inschriften lauten, auf der großen Glocke: Singet dem Herrn ein neues Lied, Ps. 95, 1, auf der mittleren Glocke: Bleibet fest in der brüderlichen Liebe, Hebr. 13, 1. Die Einweihung erfolgte am 14. Dezember 1924.

Eigentümlich war das Taufgefäß der alten Eppendorfer Kirche. Ein über dem Altarraume an der Decke der Kirche hängender, weiß angestrichener hölzerner Engel mit kreisförmig ausgestreckten Armen wurde nach dem Schlusse des Gottesdienstes an einer Schnur herabgelassen, um das ihm in den Kreis seiner Arme gesetzte messingene Taufbecken schwebend in der Brusthöhe des taufenden Predigers zu halten. Dieser Engel ist jetzt im Museum. Der neue Taufstein aus grauem Marmor mit silbernem Becken ist aus einem Vermächtnis hergestellt worden, das die Familie Schierholz der Kirche gestiftet hatte. Aus Pietät hat man die beiden Gräber des Ehepaares Schierholz mit Denkstein bei der Kirche erhalten bis auf den heutigen Tag.

Die Eppendorfer Kirche besaß in früherer Zeit einen geschnitzten mittelalterlichen Altar, der im Dreißigjährigen Kriege geraubt wurde. Reste dieses Altars sind bei der 1903 ausgeführten Renovierung der Kirche in der Sakristei aufgestellt worden.

Der erste evangelisch-lutherische Prediger in Eppendorf war der aus Wilster von den Katholiken vertriebene Johannes

Sina. Folgende Prediger waren: Johann Osenbrügge, David Renshorn, von dem wir wichtige Aufzeichnungen über das Eppendorfer Kirchspiel besitzen, Mathiesen, Uphoff, Krebs und Granau. Während des ganzen 19. Jahrhunderts haben nur drei Geistliche in der Eppendorfer Kirche gewirkt: Pastor Ludolf (1793—1837), Pastor Faaß (1837—1879) und Pastor Dr. Hanne (1879—1909). David Renshorn, 1581 zum Pastor in Eppendorf gewählt, berichtet: „Der Pastoren besoldinge (Besoldung) yß: Twe howe (Hufen) landes, de hest he iz utgedhan (verpachtet) und krigt darvor an Gelde 30 Daler, yß 60 Mark Courant. Noch 4 wispel roggen. Noch etlik Howlant (Heuland), daruth he an Voder 7 edder 8 houwes (Heu) hebben kann. Noch synd by der Karken 2 Jsern Koye (Kühe). Noch hefft Hr. Johan darby gebracht einen Hoppengarden (Hopfengarten), de allerdings ok darby iß gewesen, und doch etlike Jar darvon affgekamen. Noch hefft he uth itzliken (jedem) Hufe synen tydenpenning, yß van einer itzliken person 4 Pfg., maken 10 Mark Courant ungefher." (Anmerkung: Der Tyden- oder Veertydenpenning wurde quartaliter mit 1 Pfg. von jeder erwachsenen Person entrichtet, mithin 4 Pfg. à Person jährlich. Wenn also der Belauf 10 Mark Courant gewesen ist, so müssen damals im ganzen Kirchspiel Eppendorf 480 Erwachsene gelebt haben). Namen aus der damaligen Zeit sind: Jacob Kron, Bockholt, Krogmann, Ellerbrock, Beermann, Peter Schröder.

Pastor Faaß berichtet: „Als ich im Jahre 1837 ins Amt trat, war der Gebrauch des Kasselzeuges (von Kaspelzeug, aus Karkspillzeug, d. i. Kirchspielzeug) beim Taufakt noch allgemein üblich. Es gab drei Klassen. Die Bestandteile waren: 1. ein Flanelltuch, 2. ein Taufkleid, 3. eine Mütze. Die Gebühren betrugen: 3 Mark, 2 Mark und 1 Mark Courant. Ganz erloschen ist dieser Gebrauch 1870. Das Taufkleid war in der ersten Klasse aus hellblauem, in der zweiten aus dunkelbraunem Stoffe verfertigt, der mit großen Blumen durchwirkt, mit goldenen Borden verziert und mit dickem Flanell gefüttert war. Es wurde auf dem Rücken des Kindes mit drei Bändern zusammengebunden. Die dritte Klasse hatte ein gewöhnliches Piquetkleid. Die Mütze war für Knaben und Mädchen von verschiedener Form, nach Art der damals noch von den Bauernmädchen getragenen Kopfbedeckung. Wer seinem Kinde das ihm durch die Hebamme zugesandte Kasselzeug nicht anzog, hatte die höchste Gebühr zu bezahlen. Brautkronen sind zu meiner Zeit nicht mehr üblich gewesen. In Niendorf waren sie bis in die Mitte dieses Jahrhunderts in Gebrauch und wurden den Bräuten am Hochzeitstage von der Pastorin aufgesetzt."

Als Überreste aus der alten Zeit weist die Eppendorfer Kirche noch die Wangen der vorderen Gestühle mit den eigenartigen Mönchsköpfen, die wohl aus dem Jahre 1631 stammen, merkwürdige *Steinsetzungen* (Abb. 6) im Ostgiebel, in welchen Kenner die Reste vorchristlicher Runenschriften zu erblicken glauben, sowie im Innern eine große Zahl altertümlicher Bilder auf.

Zu Anfang des Jahres 1814 wurde das Gotteshaus von den Franzosen als Lazarett eingerichtet für die Aufnahme von über 700 Kranken, die bei der Zerstörung des Pesthofes vor dem Millerntor obdachlos geworden waren.

Abbildung 6

Einen interessanten Abschnitt in der Geschichte der Eppendorfer Kirche bilden die sogenannten Eppendorfer Kirchenstreitigkeiten. Im Jahre 1343 war das hamburgische Eppendorf an das St. Johanniskloster in Harvestehude verkauft worden. Die Differenzen zwischen der Behörde des St. Johannisklosters und den gräflich-schauenburgischen Landdrosten begannen bald nach dem Anfang des 17. Jahrhunderts. Man strebte von schauenburgischer Seite nach dem Mitbesetzungsrecht der Pastoren- und der Küsterstelle in Eppendorf. Denn die eingepfarrten schauenburgischen Dörfer (Eidelstedt, Stellingen, Schnelsen, Niendorf, Lokstedt und Hummelsbüttel) trugen doch für die Unterhaltung des Gotteshauses sowohl, als auch für den Unterhalt seiner Diener die gleichen Lasten und Abgaben, wie die Klosterdörfer. Darum konnte man klösterlicherseits auch nichts gegen die schauenburgische Forderung der kirchlichen Güterverwaltung einwenden; man gestand sie ohne weiteres zu. Um so hartnäckiger sträubte man sich aber gegen jedes Zugeständnis hinsichtlich des Patronats- und Visitationsrechtes. Dieses wollte die Klosterbehörde unter allen Umständen allein ausüben. In der Mitte des 17. Jahrhunderts ging der schauenburgische Besitz nach dem Aussterben der landesherrlichen Familie in dänische Hände über, und nun gewannen die Eppendorfer Kirchenstreitigkeiten als politisches Mittel Dänemarks eine erhöhte Bedeutung. Kaum war der Dänenkönig Besitzer der zur Eppendorfer Kirche gehörenden holsteinischen Dörfer geworden, als er auch schon eine Kirchenvisitation für diese Dörfer anordnete. Von der Kanzel herab durfte diese Visitation nicht verkündet werden, das litt die Klosterbehörde nicht. Als im Jahre 1661 der verstorbene Pastor Johs. Hoyer in dem vom geistlichen Ministerium Hamburgs empfohlenen Kandidaten Uphoff, dessen Bildnis noch heute in der Eppendorfer Kirche zu finden ist, einen Nachfolger erhalten sollte, forderten die Bauern der dänischen Dörfer einen anderen Pastor, den die dänische Regierung in einem Rostocker Kandidaten präsentierte. Die Hamburger obsiegten, und Hermann Uphoff erhielt das Amt. Aber nicht lange danach lockte man ihn nach Pinneberg und hielt ihn hier solange gefangen, bis er einen Revers unterschrieb, in welchem er versprach, den dänischen König als Mitbesetzer (Compatron) der Eppendorfer Pfarrstelle in das Kirchengebet mit einzuschließen. Als im Jahre 1686 der Pastor Uphoff starb und man sich hamburgischerseits anschickte, einen Kandidaten in der Kirche eine Predigt halten zu lassen, „kam der Präsident zu Altona zugefahren und hat seiner Schwester Sohn auf einem Sonntag unter der Predigt mit gewaffneter Hand etlicher Soldaten eingeführt." Der Rat von Hamburg beantwortete die gewaltsame Einführung dieses Pastors, Namens Peter Krebs, mit dem Verbot an alle zur Eppendorfer Kirche gehörenden Landeskinder, bei hoher Strafe diese Kirche zu besuchen, wenn Krebs predigte, auch ihm etwas zum Unterhalt zu entrichten. Darauf erfolgte 1687 der Befehl des Dänenkönigs, daß die Hamburger der Eppendorfer Kirche, weil sie sich ihrer Pfarre und ihres Pfarrherrn entzogen und anderweitig die Predigt hörten und die Sakramente empfingen, als in der Kirche, wo sie ringsum eingepfarrt, „so sollten sie auch hinfüro weder auf dem Kirchhofe, noch in der Kirche zum Begräbnisse gelassen werden." Deswegen ließen die Königlichen die Pforte des Kirchhofs schließen und ein Schloß davorlegen.

Nun begab es sich, daß des Küsters Frau starb. Die Königlichen wollten ihr Begräbnis hindern, und es kam zu einem Tumult vor der Kirche. Da sandte der Klostervogt zu St. Johannis einige Soldaten aus der Stadt, welche das Schloß an der Kirchentüre sprengten und sie mit Gewalt eröffneten. Das Antwortschreiben des Hamburger Rates auf die Beschwerdeschrift der dänischen Regierung wahrte aber die Rechte des Klosters an der Eppendorfer Kirche auf das entschiedenste. Der Rat nennt den Pastor Krebs einen eingedrungenen Priester. (Auch das Bild dieses Pastors Krebs befindet sich noch in der Eppendorfer Kirche).

Im Jahre 1690 kam ein Vergleich zwischen dem Könige von Dänemark und dem Hamburger Rat zustande, in welchem bestimmt wurde, daß die Pastoren der Eppendorfer Kirche abwechselnd von Hamburg und vom Könige gewählt werden sollten. Trotzdem entstand im Jahre 1693, und zwar am Heiligen-Drei-Königstage, in der Kirche zu Eppendorf über die Wahl eines Küsters ein Tumult. „Die Herren Hamburger wollten, wie sie bisher getan, die Wahl für sich behalten. Der Landdrost zu Pinneberg aber wollte solches nicht zugeben. Dieserhalben wurde die Kirche zugeschlossen und in etlichen Wochen kein Gottesdienst darin abgehalten. Endlich gab E. E. Rat, um Weitläufigkeiten zu vermeiden, insoweit nach, daß der Landdrost einen Küster einsetzen und mit dessen künftiger Anstellung es gleich denen Priestern, nämlich wechselsweise, sollte gehalten werden." Erst im Jahre 1768 entsagte der König von Dänemark allen Ansprüchen auf die Eppendorfer Kirche; die sechs dänischen Dörfer erhielten in Niendorf eine eigene Kirche, zu deren Bau Hamburg 6000 Mark Courant

Abbildung 7

hergab. Damit erreichten die Eppendorfer Kirchenstreitigkeiten ihr Ende.

Die Kirche in Niendorf, ein achteckiger Bau, mit dem Turm in der Mitte, ist ein Werk Sonnins, des Erbauers der großen St. Michaeliskirche in Hamburg.

Aber auch durch seine einfache kleine *Dorfschule* (Abb. 7) ist Eppendorf weithin berühmt geworden, nämlich durch die

Wirksamkeit eines Samuel *Heinicke* (Abb. 8) an derselben. Dieser Samuel Heinicke war eine interessante Persönlichkeit. In dem Dorfe Nautzschütz bei Weißenfels an der Saale 1727 als der Sohn eines wohlhabenden Bauern geboren, sollte auch er ein Bauer werden und nach dem Willen des Vaters die bald gefundene passende Partie des Dorfes heimführen. Samuels Sinn stand aber mehr nach den Büchern, nach Violin- und Orgelspiel; auch liebte er eine andere, und so war das Verhältnis zwischen ihm und den Eltern bald getrübt. Samuel ließ sich auf den Rat eines Jugendfreundes in Dresden beim Militär anwerben. Da der Vater ihm jede Unterstützung entzog, verdiente sich Samuel in seinen freien Stunden durch Schreib- und Violinunterricht den nötigen Unterhalt. Er eignete sich durch Umgang die lateinische und französische Sprache an und schuf sich, nachdem er sich verheiratet, durch Unterrichtgeben ein gutes Dasein. Da drang im Siebenjährigen

Abbildung 8

Kriege Friedrich der Große in Sachsen ein, und die sächsische Armee wurde kriegsgefangen. Viele flüchteten, auch Samuel Heinicke; aber wo er sich auch aufhielt, lange getrennt von der Familie, nirgends war er vor den Nachforschungen der Preußen sicher. Da ging er denn aufs Geratewohl nach Hamburg. Durch Vermittelung der Freimaurerloge, der er angehörte, fand er bald Gelegenheit, Kinder im Schreiben, Rechnen, Lesen und in der Musik zu unterrichten. Hier lernte ihn der Graf Schimmelmann von Wandsbek und Ahrensburg kennen, der ihn zu seinem Sekretär machte. Da wurde die Kantor- und Organistenstelle in Eppendorf frei, und durch Verwendung des Grafen erhielt er diese Stelle im Jahre 1768. Nun hatte Samuel Heinicke hier aber gleich mit dem Pastor Granau harte Kämpfe zu bestehen. Der Pastor Granau hatte das Kantorat einem Verwandten zugedacht, und so kam ihm Heinicke sehr ungelegen, und der Pastor suchte scheußlicherweise die Gemeinde gegen ihn einzunehmen. Er ließ durch seine Vertrauten erzählen, daß Heinicke ein Freimaurer sei, der in Hamburg viel mit Komödianten und freigeisterischen Leuten Umgang gehabt habe. Gleich in der ersten Predigt, am Neujahrstage 1769, predigte er so gewaltig gegen die falschen Aufklärer und Freimaurer, die sich hier auch in die stille Gemeinde Eppendorf eingeschlichen hätten, daß den Dörflern angst und bange wurde, und sie am liebsten den neuen Schulmeister zum Dorfe hinauswerfen wollten. Doch bald wurde die Stimmung im Dorfe milder, man grüßte ihn freundlich; aber bis jetzt war nur einer in engeren persönlichen Verkehr mit ihm geraten, das war der Pachtmüller im Orte. Heinicke hatte das taubstumme Kind dieses Mannes gesehen und sich dann des armen Knaben weiter angenommen. Er erinnerte sich der glücklichen Versuche, die er in Dresden mit einem Taubstummen gemacht hatte, und erbot sich nun, den Sohn des Müllers in ähnlicher Weise zu unterrichten. Auch auf dem Gebiete des gewöhnlichen Schulunterrichts führte Heinicke manche Neuerungen und Verbesserungen ein; so verbannte er das Buchstabieren beim Leseunterrichte und führte die Lautiermethode ein. Das erregte aber wieder böses Blut unter der Gemeinde. Aus den Fenstern des Schulhauses, das an der Alster, ungefähr an der Stelle des neuen Pastorats, seinen Platz hatte, drangen gar seltsame Töne heraus: Das zischte, knurrte, brummte und summte so eigentümlich, daß den Bauern, die vorbeigingen, die Gänsehaut über den Rücken lief. Als auch der Pastor erklärte, daß dies lauter Allotria wäre, wodurch der Schulmeister die Kinder an sich lockte, daß die neue Lehrweise nichts tauge, sondern sogar ganz gottlos sei, drangen eines Tages einige Vorlaute gewaltsam in die Schule. Da aber regte sich in Heinicke das alte Soldatenblut; er machte kurzen Prozeß und warf die Deputation zur Türe hinaus und hatte nun auf einmal Ruhe;

denn er war ein großer, starker Mann, und überlegene Körperkraft imponiert Ungebildeten ja am meisten. Eine bald darauf erfolgende Schulprüfung ergab außerdem ein gutes Resultat, und die Bauern sahen mit Erstaunen, daß man mit der neuen Schulmeisterei viel weiter komme, als mit dem alten Schlendrian. Bei ihnen hatte der Schulmeister gewonnen; aber der Pastor blieb unversöhnlich. Die Freude des Pachtmüllers und das Erstaunen der Eppendorfer kannte keine Grenzen, als der taubstumme Knabe sogar Worte und Sätze sprechen lernte. Diese Methode des Taubstummenunterrichts war ganz neu. Zum Erstaunen aller predigte der Pastor jetzt von der Kanzel herab gegen Heinicke und wies seinen Bauern gründlich nach, daß ihr Schulmeister ein Frevler gegen Gottes Allmacht und Allweisheit sei, da er die, welche Gott gezeichnet habe, die Taubstummen, sprechen lehre. Heinicke kümmerte sich nicht weiter um den Pastor Granau, sondern ging mit seinem taubstummen Zögling nach Hamburg zum Hauptpastor Goeze, dem bekannten Gegner Lessings, der den Knaben examinierte und erklärte, der Konfirmation desselben stände nichts im Wege, und wenn Pastor Granau die heilige Handlung nicht selbst vollziehen wolle, so möge Heinicke nur sofort zu ihm kommen. Der Eppendorfer Pastor erfuhr hiervon und war zur Konfirmation bereit. Die Sache mit dem taubstummen Müllerssohn wurde bald weiter bekannt, und zu Anfang des Jahres 1774 hatte Heinicke bereits fünf taubstumme Pensionäre um sich. Großes Aufsehen erregte es, als im Sommer 1774 der russische Geheimrat Graf Vietinghof mit seiner taubstummen Tochter Heinicke besuchte, seinem Unterrichte beiwohnte und ihm dann sein Kind zur Erziehung übergab. Eppendorf fing an, durch Heinicke berühmt zu werden. Be-

Abbildung 9

sucher aller Art, selbst aus den höchsten Ständen, kehrten in der niedrigen Küsterwohnung ein, begrüßten den Kantor und erstaunten über seine Erfolge. Ihm aber war es nachgerade unmöglich, länger in seiner Zwitterstellung zu bleiben, und Ostern 1777 legte er sein Amt als Kantor, Organist und Küster in Eppendorf nieder, um nun ganz seinen Taubstummen leben zu können. Da erfolgte der Ruf des Kurfürsten von Sachsen an ihn, nach Leipzig zu kommen, um dort eine Taubstummenanstalt zu gründen. Im April des Jahres 1778 erfolgte die Ankunft an seinem neuen Wirkungsorte. Sein weiteres Wirken, seine Erfolge und seine Kämpfe mit vielen Gegnern seien hier nicht erwähnt. Daß dieser Mann sich aber große Verdienste um die Ausbildung

Abbildung 10

der Taubstummen erworben hat, davon zeugt zur Genüge das *Denkmal* (Abb. 9), welches ihm in Eppendorf 1895 errichtet worden ist, und bei dessen Enthüllung der deutsche Taubstummenverein zahlreich vertreten war.

Heinicke ist im Jahre 1790 gestorben.

Der Nachfolger Heinickes in Eppendorf, Namens Spörck, hat auch noch Taubstumme *unterrichtet.*

Als das niedliche Schulhaus an der Alster zu klein geworden war, mußte die Eppendorfer Jugend im Jahre 1866 in das frühere Mühlengebäude am Tarpenbek übersiedeln, wo die

Abbildung 11

Mädchen bis 1878 und die Knaben bis 1886 blieben. Im Jahre 1878 war das Mädchenschulhaus am Schrammsweg erbaut worden, und die Eppendorfer Knaben kamen 1886 mit in das neue Volksschulhaus am Voßberg in Winterhude, bis in Eppendorf mehr Schulhäuser gebaut werden konnten.

In den Jahren 1902—1904 wurde für Eppendorf und Umgegend die Realschule am Hegestieg erbaut, die 1911 in eine Oberrealschule umgewandelt wurde.

Eine weitere Anstalt, wodurch Eppendorf auch weithin berühmt geworden ist, war der sogenannte *Andreasbrunnen* (Abb. 10 und 11) an der Eppendorfer Landstraße, der gewiß noch manchen alten Hamburgern in guter Erinnerung ist. Es war eine Anstalt für die Bereitung und Benutzung künstlicher Mineralwässer, die ihre Entstehung im Jahre 1824 einem Privatmanne, dem Weinkaufmann *Georg Andreas Knauer* (Abb. 12) verdankte. „Schon zu Anfang des 18. Jahrhunderts gehörte es zum guten Ton, daß der wohlhabende Hamburger alljährlich im Sommer sechs Wochen hindurch eine Mineralwasserkur durchmachte, oder wie es damals hieß, die Brunnen trank. Die weit entfernten Mineralquellen wurden aber nur von reichen und sehr kranken Leuten aufgesucht, weil in einer Zeit, da die Eisenbahnen noch fehlten, die Kurorte nur durch eine sehr kostspielige und mühselige lange Reise erreicht werden konnten.

Abbildung 12

Einer jener Hamburger, der durch die Art seiner Krankheit gezwungen wurde, entfernte Badeörter aufzusuchen, war Weinkaufmann Georg Andreas Knauer, der sein Geschäftslokal Anfang der zwanziger Jahre in der Brauerstraße hatte. Als Knauer einst auf seiner Rückreise von Karlsbad in Dresden Rast machte, lernte er dort die Struvesche Erzeugung von künstlichen Mineralwässern kennen, worauf in ihm der Gedanke aufstieg, zum Besten seiner Mitbürger in Hamburg selbst eine Anstalt einzurichten, wo man in idyllischer Ruhe den echten Mineralwässern gleiche Brunnen trinken könnte. Er ließ auf einem seiner Gärten in Eppendorf durch den Wiener Chemiker Schöpfer Einrichtungen treffen, um die gebräuchlichsten Mineralwässer künstlich zu erzeugen. Das ganze, mit außerordentlichen Kosten geschaffene Unternehmen nannte Knauer nach seinem eigenen Vornamen Andreasbrunnen." *)

Das große, in einfachem schönen Stile erbaute und sehr geschmackvoll eingerichtete Ökonomiegebäude hatte die Front gegen die Eppendorfer Landstraße. Der erste Stock enthielt geräumige, ineinander gehende Säle, welche der geselligen Vereinigung und ihren Vergnügungen gewidmet waren. Den zweiten Stock füllten einige 40 Logierzimmer. Hinter diesem Gebäude befand sich ein großer, geschmackvoll eingerichteter Garten mit verschiedenen *Pavillons* (Abb. 13 und 14) und schönen

*) Nach: Das lustige alte Hamburg von Dr. Albert Borchert.
 Verlag: F. Dörling, Hamburg.

Baumpartien. Von dem Ökonomiegebäude seitwärts zog sich ein langer *bedeckter Gang* (Abb. 15), der zu Spaziergängen bei ungünstiger Witterung diente, bis an das Brunnenhaus, in welchem sich die Apparate zur Bereitung der künstlichen Wässer

Abbildung 13

befanden. Den oberen Raum dieses Brunnenhauses nahmen sechs Gastzimmer ein. Unter einem Dache mit demselben lag ein Gebäude, welches zur Badeanstalt diente, die sowohl einfache, als auch medizinische, mit Einschluß von Dusche- und Dampfbädern, lieferte. Die Häuserreihe wurde endlich mit einem Logierhause geschlossen, welches acht Zimmer in sich schloß. „In der Glanzzeit soll das Etablissement 110 Zimmer enthalten haben; außerdem gab es noch Gartenwohnungen für ganze Familien." Die Brunnen waren: Karlsbader-, Theresienschloß-,

Neubrunnen und der Sprudel, das Emser Kränchen, der Marientaler Kreuzbrunnen, die Pyrmonter Hauptquelle, der Kissinger Ragoczibrunnen, ein kohlensaures Bitterwasser und Selterserwasser. „Früh morgens sammelten sich die Kurgäste vor dem

Abbildung 14

Brunnenhause, um dort die trefflich bereiteten Brunnen zu trinken. Während der Morgenstunden konzertierte vor der Brunnenhalle ein gut besetztes Orchester. Der Garten, der sich bis an den Isebek erstreckte, wo dieser sich in die Alster ergoß, bot durch seine schattigen Alleen, Blumenanlagen und schönen Durchsichten die angenehmsten Promenaden. Im Kurhause befanden sich Lese-, Billard- und Spielzimmer, während eine im großen Saale abgehaltene Table d'hôte die Annehmlichkeiten des dortigen Aufenthaltes erhöhte, wozu die vorzüglichen Knauerschen Weine nicht wenig beitrugen. An den Donnerstagen gab es Reunions, sowie an schönen Sommerabenden Korsofahrten in erleuchteten Gondeln auf der Alster. Außer den eigentlichen Kurgästen besuchten auch zahlreiche andere Hamburger Familien das reizende Gartenlokal der Unterhaltung

Abbildung 15

wegen, so daß an Sonntagen oft 150 Personen an der Table d'hôte speisten. Der Eintritt wurde übrigens nur denen gestattet, die dem in grüner Jägeruniform, mit mächtigem Stab vor der Tür prangenden Portier eine Einlaßkarte vorwiesen, die man, um schlechte Elemente fern zu halten, alljährlich allen guten Familien der Stadt zusandte. Das *Absteigen vom Omnibus* (Abb. 16), der vor dem Andreasbrunnen hält, unter Beihilfe des eine Trompete führenden Schaffners, sowie des dortigen Portiers, bringt eine Meyersche Federzeichnung, die zu seinen

1854 bei Trapp erschienenen „Hamburger Gedichten" gehört, trefflich zum Ausdruck. Andreas Knauer hat sich nicht allzulange seiner großartigen Schöpfung freuen können. Als er im Jahre 1828 gestorben war, wurde der Andreasbrunnen unter Oberleitung der Familie Knauer von dem Ökonomen Mester noch eine Reihe von Jahren weitergeführt. Als die immer zahlreicher werdenden Eisenbahnen es den Hamburgern ermöglichten, fortan die natürlichen Heilquellen zu erreichen, nahm der Besuch des Andreasbrunnens ab. Zuletzt hat der Wirt Steinbach den Andreasbrunnen übernommen und ihn als glänzendes Vergnügungslokal und gute Gartenwirtschaft noch ungefähr 25 Jahre fortgeführt. Zahlreiche Konzerte, Feste, Hochzeiten und Mahlzeiten wurden daselbst zur größten Zufriedenheit der Teilnehmer abgehalten, während in späteren Jahren, als die Dampfboote auf der Alster erschienen und auch

Abbildung 16

am Andreasbrunnen anlegten, sich der Besuch noch steigerte. Ende der siebziger Jahre gab Steinbach seine Wirtschaft auf. Der Besitz wurde von Dr. Jakobi erworben, der das ehemalige Kurhaus, Ecke Eppendorfer Landstraße und Loogestieg, in Miets-

Abbildung 17

häuser umwandeln ließ, während der Assekuranzmakler und treffliche Marinemaler Pollock den herrlichen Garten erstand, um dort seine Wohnung zu nehmen." Es besitzen noch heute einige Familien Eppendorfs von Pollock gemalte Seestücke. Das zu Wohnhäusern umgebaute Kurhaus ist 1910/11 abgerissen worden, um großen Etagenhäusern Platz zu machen. Noch heute aber besitzt Eppendorf einige Andenken an den berühmten Andreasbrunnen: In dem Park der Knauerschen Villa, der jetzigen Post, befindet sich ein *Denkstein* (Abb. 17) mit folgender Inschrift: „Dem Gründer dieser Anstalt, Georg

Andreas Knauer, gewidmet von seiner Familie. A. 1829."
Auf dem Platze der früheren Looge stehen noch heute
mehrere große und schöne *Bäume* (Abb. 18) aus dem Andreasbrunnen, von denen eine größere Anzahl in den Garten einer neu erbauten Villa einbezogen ist, und endlich hat eine vom Loogestieg abgehende neue Straße den Namen „Beim Andreasbrunnen" erhalten.

Abbildung 18

Das alte Eppendorf, das so schön an der Alster lag, weit entrückt von dem lauten Getriebe der Großstadt, war ein beliebter Ort für die vornehmen Herrschaften Hamburgs, um hier ihre Sommer- und Lusthäuser zu errichten. So war das alte Eppendorf reich an schönen und interessanten Gebäuden. Von einigen derselben sei in nachstehendem die Rede. Eins der reizvollsten alten Häuser, *das Witwenhaus* (Abb. 19 und 20) der St. Johanniskirche, ist erst 1911 abgebrochen worden. Es stand am Schrammsweg. Ganz anders als die Nachbar-

häuser zur Rechten und Linken, stand das Witwenhaus schräg
übereck zur Straßenfront, und das dazugehörige Vorder-

Abbildung 19

gärtchen erstreckte sich hinauf auf den Bürgersteig und versperrte dem Verkehr den Weg. Ein hundertjähriger Epheu

Abbildung 20

kletterte hinauf auf das Dach, und ein üppiges Grün erklomm die First und grüßte hinüber auf die andere Seite der Straße. Wie kam Eppendorf zu dem Predigerwitwenhaus? Dr. Friedrich Lindenbrog besaß in Eppendorf nahe bei der Kirche ein Sommerhaus. Es stand gerade da, wo

Abbildung 21

sich heute in dem Seilerschen Neubau das Kirchenbüro befindet. Dies Haus schenkte der gute Dr. Lindenbrog 1645 der Kirche zu dem Zweck, daß die jeweilige Pastorenwitwe darin wohnen solle. Als das Haus baufällig geworden war, wurde es auf Abbruch verkauft. Für den Erlös aus diesem Grundstück und dem Ertrage einer Umlage kaufte die Kirche im Jahre 1789 von Johann Daniel Klefeker dessen am heutigen Schrammsweg belegenes Haus, damit dies fernerhin als Predigerwitwenhaus diene.

Ein in zweierlei Hinsicht bedeutungsvolles und schönes Gebäude in dem alten Eppendorf war die sogenannte „Meißnersche Villa" (Abb. 21). Es war ein mit Stroh gedecktes Haus, das an der Ecke der früheren Kirchentwiete und des Schrammsweges stand, das dem Ratsbuchdrucker Th. G. Meißner gehörte und mit seinen weiß gestrichenen Fenstern weithin leuchtete. Auch dieses Gebäude erinnerte an die Zeit vor 100 Jahren, in der die Hamburger während der Sommerzeit in ihren Landhäusern außerhalb der Stadt wohnten. Dieses alte Haus wurde bis zu seinem Abbruch im Jahre 1900 nur zur Sommerzeit von einigen Familienangehörigen Meißners bewohnt. Zweitens ließ uns dieses Haus des einzigen Hexenprozesses gedenken, den Eppendorf erlebt hat. Es lebten in Eppendorf auf diesem Grundstücke um das Jahr 1480 zwei Schwestern, die von ihren Eltern weiter nichts geerbt hatten, als einen großen Kohlgarten, von dessen Ertrage sie sich ernährten. Der Kohl der jüngeren Schwester gedieh jedoch nicht so gut, als der Kohl der älteren Schwester. Weil nun die jüngere Schwester ebenso trefflichen Kohl haben wollte, so verlegte sie sich in der Stille auf allerlei schwarze Kunst und Zauberei. Mit gotteslästerischer Absicht ist sie einmal zum Abendmahl gegangen und hat bei der

Austeilung des Sakraments die geweihte Hostie nicht genossen, sondern im Munde aufbewahrt und sie dann zur folgenden Mitternachtsstunde in aller Teufel Namen in ihrem Garten unter einer jungen Kohlpflanze eingegraben. Jetzt gediehen ihre Kohlpflanzen in solcher Pracht, wie sie niemals gesehen worden waren. Aus Hamburg kamen Aufkäufer und Verhöker und boten im voraus große Summen für den herrlichen Ertrag des Gartens. Die Nachbarn hatten aber bemerkt, daß allnächtlich im Garten ein Lichtschimmer funkelte, und die nähere Untersuchung ergab, daß von einer der Kohlpflanzen ein wunderbarer strahlenförmiger Glanz ausgehe, der die Pflanze wie ein Heiligenschein umgebe. Es ist der klösterlichen Obrigkeit zu Harvestehude Anzeige davon gemacht worden, die dann in großer Prozession nach dem Garten gepilgert ist. An der bezeichneten Stelle ist eine Kohlpflanze

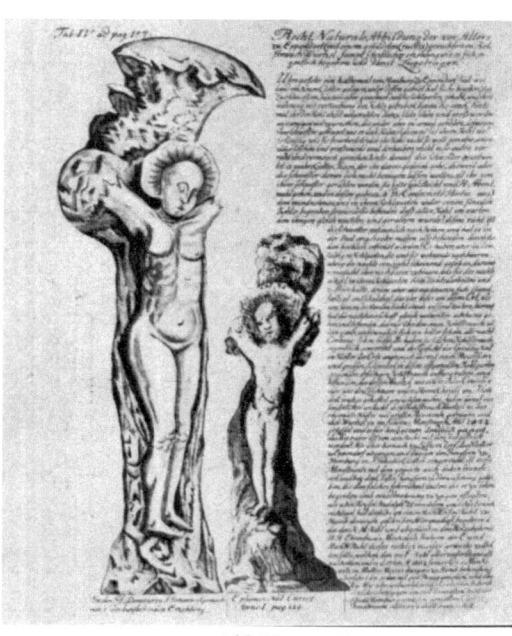

Abbildung 22

ausgegraben worden, deren Wurzel ungewöhnlich groß war und das leibhaftige *Bild unseres Heilandes am Kreuze* (Abb. 22) zeigte, so deutlich, daß alle Anwesenden in die Knie gefallen sind. Die Schwester hat ihre gotteslästerische Tat gestanden und ist als Hexe verbrannt worden. Die Kohlwurzel kam in das Kloster St. Johannis. Im Jahre 1602 wurde sie dem Kaiser Rudolf II. auf seinen Wunsch verehrt, und so ist die Eppendorfer Wunderrarität, in eine silberne Monstranz gefaßt, in die kaiserliche Kunstkammer nach Wien gekommen, woselbst sie noch heutigen Tages in Augenschein genommen werden kann, aber ohne Monstranz, die wahrscheinlich in der Franzosenzeit in die Münze gewandert ist, damit Silbergeld daraus gemacht wurde. Eduard Krohse schreibt: „Eigene Nachforschungen. Die Kohlwurzel befindet sich in der Hofburg zu Wien, in der K. K. geistlichen Schatzkammer. Ich verdanke diesen Nachweis der gütigen Bemühung des K. K. Hofburgvikars, Herrn Dr. Joseph Lehner. Die Reliquie, Nummer 17 des Inventars, steht in einem Kasten, in welchem auch noch andere Gegenstände aufbewahrt werden. Das sonderbare Christusbild ist mit einem kleinen Perlendiadem gekrönt. Maria Theresia soll die Wunderrarität als segenspendendes Heiligtum sorgfältig aufbewahrt haben."

Zu der Meißnerschen Villa gehörten auch ein herrlicher, mit vielen Bäumen bestandener Park und ein mit einem niedlichen

*Gärtnerhäuschen* (Abb. 23) versehener Gemüsegarten, der an der anderen Seite der Kirchentwiete lag. Die Bäume des Parkes sind bis heute erhalten geblieben und bilden eine an der Kellinghusenstraße belegene Anlage, welche die Jugend „*Böhmer Wald*" (Abb. 24) nennt, und wo sie gerne spielt und rodelt.

Abbildung 23

Schöne Landhäuser mit herrlichen Gärten und Parkanlagen besaßen noch mehrere andere Familien in dem alten Eppendorf. So an der Eppendorfer Landstraße die Familien *Kellinghusen*, *Higson* und *Knauer* (Abb. 25 u. 26), am Ehlersweg, jetzt Eppendorfer Landstraße bei den Rosenanlagen, die Familie *Pinçon* (Abb. 27) und an der Alster, hinter dem jetzigen neuen Pastorat, die Familie *Seelemann* (Abb. 28). Die Seelemannsche Villa, ein in einem einfachen, aber vornehmen Stil erbautes Gebäude, war ein Werk des Kirchenbaumeisters Sonnin. Der Garten dieser Villa ist als Anlage an der Alster erhalten geblieben. Auch das St.

Abbildung 24

Abbildung 25

Johanniskloster besaß in Eppendorf ein Lust- und Sommerhaus. Es war das noch jetzt vor dem Mühlenteiche, links an der

Abbildung 26

Abbildung 27

Landstraße gelegene alte Gebäude, mit spitz zulaufendem Dache, welches wegen seiner Form in Eppendorf allgemein der *„Kubus"*

Abbildung 28

Abbildnug 29

Abbildung 30

Abbildung 31

(Abb. 29) genannt wird und bereits 1755 erbaut worden ist. Gegenüber steht noch heute die leider ganz verfallene Villa mit großem Park von Senator Hayn.

Teils wegen ihrer Bedeutung, teils wegen ihrer Schönheit sind noch folgende Gebäude in dem alten Eppendorf zu nennen: An der Mündung des Tarpenbek in die Alster stand die *Wassermühle* (Abb. 30 u. 31), die in den Akten schon im 13. Jahrhundert erwähnt wird. Sie hatte, wie aus alten Karten zu ersehen, zeitweilig zwei Mühlräder. Als im Jahre 1865 der Mühlenbetrieb aufhörte, zog die Eppendorfer Schuljugend in dieses Gebäude und blieb darin bis zum 1. Oktober 1886. Da wurde das Gebäude zur Wirtschaft „Zur alten Mühle" und ist im Jahre 1903 abgebrochen worden. Pastor Dr. Hanne erzählte folgendes Kuriosum: „Das Gebäude der Eppendorfer Wassermühle wurde nach Aufhebung des Mühlenbetriebes als Schulhaus für die Eppendorfer Jugend benutzt. Eines Tages hatte nun jemand in dem Gebäude ein verdächtiges Knistern gehört, als drohe das Haus zusammenzubrechen. Sofort wurden rundherum starke Strebepfeiler angebracht. Als die Schule ausgezogen war, wurde die alte Mühle zu Wirtschaftszwecken verpachtet. Nun waren dem Wirte die Strebepfeiler ein Dorn im Auge. Er ließ sie wegnehmen, und das Gebäude hat nachher noch eine ganze Reihe von Jahren gestanden und machte dem Abbruche noch große Schwierigkeiten. Ein Beweis dafür, wie dauerhaft unsere Vorfahren bauten!" Auch eine *Windmühle*

(Abb. 32) besaß das alte Eppendorf. Sie stand auf der Höhe an der Niendorfer Straße und mußte im Jahre 1904 abgebrochen werden, "weil ihr durch das immer nähere Heranrücken viel-

Abbildung 32

geschossiger Mietshäuser der Wind aus den Flügeln genommen worden war." Es wird angenommen, daß der Pachtmüller der Eppendorfer Wassermühle einst den ursprünglichen letzten Lauf des Tarpenbek, der kurz vor der Winterhuder Brücke in die Alster mündete, zugeschüttet und die Mündung weiter nach oben verlegt haben soll. So soll die sogenannte "tote Alster", die noch heute vorhanden ist, entstanden sein. Diese "tote Alster" wäre also ursprünglich der letzte Lauf des Tarpenbek gewesen.

Das alte *Predigerhaus* (Abb. 33 u. 34), schön an der Alster gelegen, stammt auch schon aus dem Jahre 1731. Durch seine besonders schöne Bauart zeichnet sich das noch jetzt an der Ludolfstraße stehende *Willsche Haus* (Abb. 35 u. 36) mit

Abbildung 33

seinem an die Alster reichenden Garten aus. Malerisch schön waren besonders die kleinen mit Stroh gedeckten am Marktplatze gelegenen sogenannten *Steinschen Häuser* (Abb. 37), ein *Arbeiterhäuschen* (Abb. 38) hinter der Langlohschen Villa, Ende Schrammsweg, die sogenannte *Knauersche Kate* (Abb. 39), Ende der Georgstraße, der jetzigen Goernestraße, und einige niedliche *strohgedeckte Häuser* (Abb. 40), dem Eppendorfer Baum gegenüber. Bemerkenswert waren auch noch das Gebäude am *Eppendorfer Baum* (Abb. 41) und das Tanzlokal „*Sandwirt Hofer*" (Abb. 42 u. 43). Das erstere hatte seinen Namen von dem dort errichteten Schlagbaum erhalten. Dieser Schlagbaum, bei dem auch noch ein kleines Wärterhäuschen stand, versperrte den Fahrdamm, der durch die sumpfige Niederung des Isebek angelegt worden war und von den Bauern in Borstel,

Abbildung 34

Winterhude, Ohlsdorf und Eppendorf unterhalten werden mußte, den schweren Frachtfuhrwerken zur Durchfahrt. Von dem Schlagbaum hat die Straße ihren Namen erhalten. Das Tanzlokal „Zum Sandwirt Hofer" ist uns in zwei Bildern aufbewahrt, in einer alten und neuen Gestalt. Die erste Apotheke in Eppendorf war in dem Gebäude des *alten Landhauses* (Abb. 44). Außerdem gab es in dem alten Eppendorf natürlich noch eine Anzahl Bauerngehöfte, von denen später die Rede sein wird.

Abbildung 35

Abbildung 36

Mitgeteilt sei hier nur erst eine Notiz aus: „Hamburg, topographisch, politisch und historisch" aus dem Jahre 1811:
„Eppendorf enthält, ohne die vielen Gartenbewohner, an Landleuten: 5 Vollhufner und 15 Kätner. Außerdem ist noch eine

Abbildung 37

Wassermühle und eine Wachsbleiche da. Die Bevölkerung dieses Kirchdorfes beträgt 708 Seelen. Der Grund zu dieser großen Volksmenge rührt daher, daß mehrere Gartenbewohner das Jahr durch hier und demnach für beständig leben. Dieses Dorf verkaufte Graf Adolf von Schauenburg 1343 für 239 Mk. an das Kloster Herwerdeshude mit allem Zubehör."
Auch zwischen Eppendorf und Winterhude war in früherer Zeit eine sumpfige Niederung, vom Tal der Alster gebildet. Durch diese Niederung hatte man einen ziemlich holperigen *Damm* (Abb. 45) gebaut, dem sich dann ein schmaler *Holz-*

*steg* (Abb. 46) über die Alster für Fußgänger anschloß, während die Wagen den Fluß durch eine Furt passieren mußten. Der Weg von der Alster aus ging damals aber nicht am

Abbildung 38

West-, sondern an dem Ostende der Kirche vorbei in Eppendorf hinein. Erst im Jahre 1841 wurde die *erste ordentliche Brücke* (Abb. 47) aus Holz über die Alster gebaut, der man 1862 *steinerne Träger* (Abb. 48) gab. Nach dem Weltkriege, im Jahre 1921, konnte die jetzige neue dauerhafte Brücke dem Verkehr übergeben werden. Die erste regelmäßige Fahrgelegenheit nach Hamburg bot der Eppendorfer *Omnibus*

(Abb. 49 und 50), der über Eppendorfer Baum, Roterbaum, oder manchmal auch über den Mittelweg verkehrte. Wohl

Abbildung 39

zehn Personen konnten mit einigem guten Willen darin sitzen; aber eine bestimmte Grenze gab es nicht; wer hinein

Abbildung 40

wollte, kam hinein. Der Boden war im Winter mit Stroh bedeckt. Das Plakat: „Nicht in den Wagen spucken!" exi-

Abbildung 41

Abbildung 42

stierte noch nicht, und man spuckte. Viele alte Hamburger werden sich auch noch des bekannten Kondukteurs Christian Snack erinnern, der hinten auf dem Eppendorfer Omnibusse ein gar beschauliches Leben führte. Jeder kannte ihn, und

Abbildung 43

er kannte alle. Zweijährige Kinder vertraute man seiner Obhut an: „Passen Sie auf, Christian, ungefähr beim Dammtor werden Sie meine Schwester treffen, dann bringen Sie ihr die Kleine!" Haltestellen gab es in jener idyllischen Zeit noch nicht, und Eile hatte Christian ja auch nicht. In Hamburg hielt der Omnibus am Neß. Christian erlitt auf einer Fahrt über das holperige Pflaster des Mittelweges vor seiner Pensionierung einen Beinbruch. Es war seine letzte Fahrt. Im Jahre 1859 wurde die Dampfschiffahrt auf der Alster

eröffnet. Der erste Dampfer war ein Raddampfer, der aber
solch starken Wellenschlag verursachte, daß dessen Fahrten

Abbildung 44

Abbildung 45

bald wieder eingestellt wurden. Auch die späteren Schrauben-
dampfer rissen vor der Herstellung fester Quais große Stücke

aus den Alsterufern heraus. Die erste Pferdebahn von Winterhude über Eppendorf, Roterbaum fuhr am 22. Juli 1880 und die erste elektrische Straßenbahn am 2. November 1894.

Abbildung 46

In alter Zeit war natürlich die Begräbnisstätte, der Kirchhof der Gemeinde Eppendorf, um die Kirche herum oder unter der Kirche. Erst im Jahre 1837 wurde der neue Friedhof an der Eppendorfer Landstraße angelegt. Ein wenig seitab von der Straße liegt noch heute dieser Friedhof. Verwitterte Gitter, aus den Angeln gehobene Türen, *gesunkene Grabsteine* (Abb. 51), die fast erdrückt werden von der Last grünen Efeus, der sich darüber hinrankt. Jahreszahlen und Namen schwer oder gar nicht mehr zu lesen. Diese Zeichen der Vergänglichkeit locken nur wenige zu stillem Erforschen. Seltsam hebt sich aus diesen verfallenen Gräbern ein hohes Erbbegräbnis mit steinerner Platte hervor, darauf *zwei ausgemeißelte Hunde* (Abb. 52) aufrecht stehen, als wollten sie ihrem Herrn

Abbildung 47

über den Tod hinaus die Treue halten. Bis auf den hohen Stein ist der Efeu gekrochen, hat sich um die Beine der Hunde geschlungen und sich wie ein Kranz um den Kopf des einen gelegt. Die Inschrift hat er vollkommen überdeckt. Auch hier kein Name, kein Datum. Nach Abhebung des Efeus entziffert man folgende Inschrift oben auf dem Stein: „P. F. P. Camus und dessen Erben auf Friedhofs Dauer."

Eppendorf ist in der neueren Zeit durch ein Gebäude bereichert worden, welches diesem Stadtteil zur großen Zierde gereicht: Es ist das schön an der Alster gelegene, zwischen Heilwigstraße und dem Flußlauf eingebettet, neue St. Jo-

Abbildung 48

Abbildung 49

hanniskloster. Da dies Gebäude jetzt zu Eppendorf gehört, gebührt es sich auch wohl, hier kurz auf die Geschichte dieses

Klosters einzugehen. Nach der Sage hat Graf Adolf IV. von Schauenburg in der Schlacht von Bornhöved, am 22. Juli 1227, als er in Gemeinschaft mit den Hamburgern und Lübeckern gegen die Dänen kämpfte, im Schlachtgetümmel ge-

Abbildung 50 *)

lobt, wenn Gott ihm den Sieg verleihe, so wolle er nicht nur der heiligen Maria Magdalena in Hamburg Kirche und Kloster errichten, sondern auch selbst als Mönch dem Herrn dienen. Die Dänen wurden in die Flucht geschlagen, und Adolf stiftete das Maria-Magdalenen-Kloster, das Kloster St. Johannis und den Konvent und trat, nachdem er sich

---

*) Aus Melhop: Alt-Hamburgische Bauweise. 2. Auflage. Verlag Boysen und Maasch.

Abbildung 51

Abbildung 52

von seiner Gemahlin Hedwig getrennt hatte, als Dominikanermönch ins Kloster. Das St. Johanniskloster stand zuerst ungefähr dort, wo sich jetzt der Rathausmarkt befindet. Im Jahre 1837 wurde es vom Rathausmarkt nach dem Deichtor- oder Schützenwall verlegt. Im Laufe der Zeit hatten sich im St. Johanniskloster, in welchem die Dominikaner wohnten, große Wandlungen vollzogen. Hier hielt sich, als die Reformation siegreich in Hamburgs Mauern einzog, die alte Lehre am längsten, hier versammelten sich die Anhänger des alten Glaubens und spannen ihre Fäden über die ganze Stadt, bis schließlich der Rat Ernst machte und im Jahre 1529 die Mönche vertrieb und das Kloster säkularisierte. Das Stift war bei der Säkularisation in einen Wohnsitz für Hamburger Bürgertöchter umgewandelt worden. Man konnte seine Töchter in diese Stiftung einkaufen und so für ihr Alter sorgen. Das Kloster war reich; denn die Dominikanermönche hatten es verstanden, sich im Laufe der Zeit einen ungeheuren Besitz an Geld und Ländereien zu verschaffen. Von ihrem hohen Platze am Schützenwall hatten die Konventualinnen (Klosterbewohnerinnen) einen herrlichen Überblick über den damals noch wenig bebauten Hammerbrook hinaus bis nach der Elbe und der Bille. Auch diese Herrlichkeit hat nun ein Ende genommen. Die Klosterdamen mochten sich schon lange nicht mehr besonders heimisch in ihren Räumen fühlen, seitdem in der Schützenstraße, die unmittelbar an ihre Gärten grenzte, die öffentlichen Häuser zugelassen wurden, und es wird nur ihrem Wunsche entsprochen haben, wenn man der Klosterverwaltung, als die Sanierung der südlichen Altstadt hinzukam, das Angebot machte, den Grund und Boden des Klosters staatlich anzukaufen. So ging das Klostergrundstück für 2 555 950 Mark in den Staatsbesitz über. Für diese Summe und aus den ihr zur Verfügung stehenden Mitteln kaufte die Verwaltung zu dem ihr dort schon gehörigen Terrain ein Gebiet an der Heilwigstraße an, das durch die Architekten Kahl und Endresen mit anmutvollen Klostergebäuden und Gärten ausgestattet wurde. Das eine Gebäude wurde den Witwen, das andere, das Jungfrauenhaus, den Konventualinnen zugewiesen. Während im alten Bau nur 18 Witwen und 20 Konventualinnen Platz hatten, bietet der Neubau für 40 Konventualinnen und 28 Witwen Raum. Am 11. Juli des Jahres 1914 wurde der wunderbare Neubau des St. Johannisklosters in Eppendorf feierlich eingeweiht.

Nicht zu verwechseln mit dem in vorhergehendem besprochenen St. Johanniskloster in der Stadt ist das Nonnenkloster der Cistercienserinnen Herverdeshude oder später Harvestehude, welches im Besitze mehrerer Dörfer, seit 1343 auch Eppendorfs, war. Dieses Kloster war im Jahre 1247 von der Gräfin Heilwig oder Hedwig, der Gemahlin Adolf IV., gegründet und von dem Papste Innocenz bestätigt worden. Das Kloster lag zuerst an dem Grenzbache gleichen Namens, der zwischen der Stadt Hamburg und dem Gebiete des Grafen von Holstein-Schauenburg in die Elbe floß. Im Jahre 1295 wurde das Kloster, wahrscheinlich wegen Unsicherheit der Gegend, nach dem Dorfe Odersfelde an der Alster verlegt. Das Kloster lag in einem Tale zwischen dem Isebek und der Alster. Der Name des Klosters soll auf die dortige Gegend, beziehungsweise auf den jetzigen Stadtteil, übergegangen sein. Im Jahre 1530 wurde das Cistercienserinnenkloster, nachdem in Hamburg die Kirchenreformation durchgeführt worden war, niedergerissen und den Nonnen das von den Mönchen verlassene St. Johanniskloster in der Stadt eingeräumt. In Harvestehude blieben nur die Wirtschaftsgebäude, und bei denselben hatten später die Klosterjungfrauen ein Sommerhaus. Wie schon früher gesagt, besaß das St. Johanniskloster auch in Eppendorf ein Lust- und Sommerhaus.

Es gab in Eppendorf einen großen Platz, der den Namen Looge, d. i. Waldwiese oder sumpfige, bereifte Stelle, grüner Platz, führte. Früher gehörte die Looge dem St. Johanniskloster zu Harvestehude und sollte dann, als das Kloster aufgehoben war, Staatsgrund werden. Es stand aber den Eppendorfer Grundeigentümern das Recht der Viehtrift auf diesem Platze zu. Als nun der Staat seine Besitzrechte auf die Looge geltend machen wollte, ohne die Eppendorfer zu entschädigen, strengten diese einen Prozeß an. Es kam im Jahre 1892 zwischen den Eppendorfern und der Finanzdeputation zu einem Vergleich, demzufolge der Staat gegen eine Zahlung von 77672 Mk. die freie Verfügung über das Areal erhielt. Es erhielten viele Eppendorfer Grundeigentümer Summen von 888 Mk. bis 5329 Mk. ausbezahlt.

Da die Looge moorigen Grund hatte, so ging man auf den Wegen, die über sie hinführten, auf schaukelndem Grunde, und die Eppendorfer nannten sie daher allgemein die Gummiwiese.

Wie das Dorf Eppendorf in Zeiten der Not für die Stadt Hamburg öfter als Zufluchtsstelle gedient hat, davon zeugen folgende Berichte:

Schreiben des Bürgermeisters Abendroth an die Generalität der russischen Truppen vom 23. Mai 1814: „In dem hamburgischen Dorfe Eppendorf ist das Civilhospital und das Waisenhaus der Stadt. Die Waisen sind schon jetzt so zusammengepreßt, daß leider die Krätze sehr häufig unter ihnen ist. Überdies sind in dem bekanntlich nicht sehr großen Eppendorf zirka 750 Mann Infanterie und Kavallerie mit 30 Offizieren und ungefähr 120 Mann Kosaken und Baschkiren einquartiert. Diese große Anhäufung von Menschen an einem Orte hat daselbst ein bösartiges Nervenfieber hervorgebracht, welches viele Menschen hinwegrafft. Aus allen diesen Gründen ergeht an E. Exzellenz des Unterzeichneten gehorsamste Bitte, daß Sie zu befehlen geneigen wollen, daß die Garnison aus Eppendorf mit etwaiger Zurücklassung einer Polizeiwache weggenommen und nach den nahegelegenen schwach belegten Dörfern Stellingen, Eidelstedt und evtl. Niendorf verlegt werde.

Der Unterzeichnete hat die Ehre
Senator Abendroth."

In den Akten der Eppendorfer Kirche finden sich Nachrichten darüber, wie nach dem Brande vom 5.—8. Mai 1842 von Haus und Herd vertriebene Bewohner die erste Hilfe in Eppendorf suchten und fanden: „Da kommen sie in einzelnen Trupps die Landstraße einher, fast nichts gerettet habend, verstörten Blickes, hinter sich die lodernden Flammenzeichen der brennenden Stadt. Endlich finden sie in Eppendorf eine bleibende Zufluchtsstätte, die einen im Schulhause, die anderen in der Pastoratsscheune. Ein Teil richtete sich, so gut es ging in des Vogts Timmermann Kegelbahn ein. Pastor Faaß übernahm die Leitung der Hülfe. Nach einer Statistik des Armenarztes Dr. Eggers hatten sich im ganzen 17 Hausvorstände mit 45 Personen eingefunden."

Daß auch die Komik in ernster Zeit nicht ausblieb, davon zeugt folgender Bericht: „Ein höchst komisches Urteil eines Kriegsgerichts hat vor einigen Tagen ein Hamburger Tischlermeister beim Aufräumen alter Papiere ans Tageslicht gebracht: Der Großvater des Tischlermeisters war im Jahre 1810 Nachtwächter in Eppendorf und stand, als das französische Heer in Eppendorf eine Feldwache ausstellte, dort auf Posten. Der

Nachtwächter zog nun abends um 11 Uhr mit seinem Horn und Morgenstern aus und waltete vor den wachhabenden Soldaten in der entsetzlichsten Weise seines Amtes, indem er zu blasen anfing. Die Franzosen verboten ihm dies, und als er, der die fremde Sprache nicht verstand, trotzdem das Blasen fortsetzte, wurde er zur Wache gebracht und am nächsten Morgen dem Gericht vorgeführt. Dieses gab nun folgenden Entscheid ab: „Der scheußliche Lärm ist in voriger Nacht von allen gehört worden. Der Mensch ist ein Verrückter oder ein Narr. Der Bürgermeister soll den Narren des Nachts in sichern Gewahrsam bringen. Am Tage mag er blasen, soviel er Lust hat. Der Deutsche mag sich künftig der Person des Nachtwächters enthalten; er ist für den Franzosen kein Vergnügen zur Nachtzeit.

Der Kapitän Drusart und die übrigen Offiziere."

Aus dem alten Eppendorf hat sich auch folgende kuriose Geschichte erhalten, die im 16. Jahrhundert sich in Eppendorf zugetragen haben soll, und die ein Beispiel von der grausamen Justiz damaliger Zeit bietet: „Der Eppendorfer Küster Hans Gorries war seiner Frau überdrüssig geworden, weil er eine andere lieb gewonnen hatte. Er trachtete nun danach, sich ihrer zu entledigen. Ein Zufall wäre ihm am liebsten gewesen, und er fuhr deshalb fleißig mit ihr auf der Alster, wo er durch Schaukeln einmal ein Unglück herbeizuführen hoffte. Da es nicht gelingen wollte, fuhr er sie eines Tages in den Mühlstrom, wo das Boot durch die starke Brandung umzuschlagen drohte. Der Müller verwies dem Küster heftig die alberne Unvorsichtigkeit. Dieser aber meinte, die Fahrt bezwecke nur, seine Frau gegen Furcht abzuhärten. Da nun auch dieser Anschlag nicht gelingen wollte, ersann der Bösewicht folgende List: Seinem Wohnzimmer gegenüber am Fenster stand ein Pflaumenbaum. Auf diesen stieg er und richtete ein geladenes Gewehr gerade auf die Stelle, wo seine Frau mittags bei Tische zu sitzen pflegte, brachte dann eine Schnur mit dem gespannten Hahn in Verbindung, die er ins Zimmer unter den Tisch leitete und so einrichtete, daß er mittelst derselben mit seinem Fuße das Gewehr entladen konnte. Alles ging nach Wunsch, schon am nächsten Mittag erschoß er auf diese Weise seine Frau neben sich am Tische, schaffte dann das Material beiseite und erhob ein großes Geschrei über den Buben, der durchs Fenster herein seine Frau getötet habe. Der Verdacht war freilich gegen ihn, da man vorher unbesonnene Äußerungen von ihm gehört. Auch nahm er seine Konkubine zu sich ins Haus; doch war nichts zu erweisen. Endlich indes häuften sich die Verdachtsgründe so sehr, daß man ihn am Ausgange der Kirche festnahm, zum Geständnis brachte und am 18. April 1586 sein Urteil sprach: Er wurde viermal, am Hopfenmarkte, am Berge, am Pferdemarkte und auf der Richtstätte, mit glühenden Zangen gezwickt und dann gerädert. Seine Zuhälterin, Elisabeth Ebers, wurde geköpft, der Kopf verbrannt und die Asche in die vier Winde verstreut."

Die Entstehung oder die Geschichte der Straßennamen in Eppendorf ist für viele schon aus dem Vorhergehenden geklärt. Über einige Namen möge hier noch etwas gesagt sein: Die alte Landstraße durch Eppendorf behielt, nachdem sie 1702 als Fahrdamm hergestellt war, ihren alten Namen. Der Lehmweg führte nach früheren Lehmgruben. Rosenbrock und Meenkwiese sind wahrscheinlich nach Flurnamen benannt. Die Alsterkrugchaussee hat ihren Namen von dem Wirtshaus „Alsterkrug", das allerdings auf Borsteler Gebiet liegt, aber zu Eppendorf immer in naher Beziehung gestanden hat. In früherer Zeit ging die Landstraße nach dem Alsterkrug schon gleich hinter der Wassermühle in Eppendorf ab und dann in schräger Richtung durch die Alsterwiesen nach dem Alsterkrug. Diese Strecke war für die Lastfuhrwerke wegen des sumpfigen Untergrundes oft schwer passierbar. Daher war der Wirt des Alsterkruges verpflichtet worden, ständig acht Pferde zu halten zum Vorspann für die schweren Handelswagen. Die Goernestraße, früher Georgstraße, heißt so nach dem Kaufmann Christian Goerne, der große Summen zu Wohltätigkeitsanstalten hergab. Nach Hamburger Bürgermeistern sind benannt die Schubackstraße, Abendrothsweg (an dieser

Straße lag die schöne *Abendrothsche Villa*, Abb. 53), die Hayn-, Goßler- und die Kellinghusenstraße, nach berühmten Hamburger Ärzten die Curschmann-, Fricke-, Lenhartz-, Mar-

Abbildung 53

tini- und Schedestraße. Nach hervorragenden Kaufleuten sind benannt die Siemssen-, Nissen-, Godefroy- und Edgar-Roß-Straße.

Eng mit Eppendorf verbunden, schon durch seinen Namen, war von jeher das Eppendorfer Moor. Daher seien hier auch darüber einige Ausführungen gemacht. Der beste Kenner des Eppendorfer Moors ist sicher Herr Professor Dr. Timm. Aus seinem Aufsatze über das Eppendorfer Moor sind die folgenden Angaben genommen:

Das Eppendorfer Moor war von jeher eine Fundgrube für Botaniker. Die seltensten Pflanzen fanden sie auf demselben, wie Ismardia palustris, Cinclidium stygium, Bryum cyclophyllum, Dianthus superbus, Saxifraga hirculus, Eriophorum alpinum, Drosera anglica (longifolia), Scheuchzeria palustris, Sium latifolium, Berula angustifolia, Littorella lacrustis, Juncus alpinus und andere. In den letzten Jahren ist vielleicht die eine oder andere dieser seltenen Gäste nicht mehr aufzufinden. Denn der Ruß und die schweflige Säure der Großstadt, die Abwässer des Dorfes Groß-Borstel und die Ablagerung von allerlei Schutt verleiden empfindlichen Bürgern der Flora den Aufenthalt. Über die Entstehung des Eppendorfer Moores sind die Ansichten der Forscher verschieden. Einige nehmen an, daß es wie der Mühlenteich durch Aufstauung des Tarpenbeks und der Alster seinen ersten Anstoß zur Bildung erhalten habe. Die Eppendorfer Wassermühle wird zuerst 1245 erwähnt. Danach wäre das Alter des Eppendorfer Moores auf 700 bis 800 Jahre anzunehmen. Dagegen sprechen allerdings einige floristische Bedenken, wie das Vorkommen von Eriophorum alpinum, Drosera anglica und Scheuchzeria palustris. Doch können von Wasser- und Sumpfvögeln Keime von Teich zu Teich, von Gewässer zu Gewässer getragen worden sein.

Torf ist früher im Eppendorfer Moor gewesen. Förster Wehling, seit 1836 Besitzer des Gehölzes „Borsteler Jäger", bezeugt es: Die Eppendorfer Bauern haben vor 100 Jahren dort Torf

gestochen. Die Torfschicht soll aber nicht sehr tief gewesen sein. Im Jahre 1862 wurde auf einem Teile des Moores der Militärschießstand angelegt, dessen Gelände nach seiner weiteren Hinausverlegung hinter Groß-Borstel zu einem Lustwandlergehölz umgewandelt wurde. Die Eppendorfer hoffen stark, daß nicht nur diese schöne Anlage, sondern auch der noch übrige Teil des Eppendorfer Moores in seiner Ursprünglichkeit als Naturschutzgebiet bestehen bleiben. Der Jäger vom „Borsteler Jäger", dessen Besitzungen an das Eppendorfer Moor grenzten, war früher Klosterjäger in Bilsen, einem waldreichen Dorfe nördlich von Quickborn, welches dem Kloster in Harvestehude gehörte und später gegen Alsterdorf vertauscht wurde. Da erhielt der Jäger in Groß-Borstel seinen Sitz. Als im Jahre 1830 das Kloster an den Staat überging, trat auch der Jäger in die Dienste des Staates, der freilich kaum Verwendung für ihn hatte. Im Jahre 1836 erwarb der Jäger Peter Wehling den Jägerhof; sein Besitz wurde als Halbhufe dem Dorfe Groß-Borstel zugeteilt. Später ging das Gehölz in den Besitz des Sir Alfred Beit über, der es in seinem Testamente im Jahre 1906 dem Hamburger Staat schenkte, mit der Bestimmung, daß die Hölzung mindestens zwanzig Jahre lang unbebaut bleiben, und daß bei einer Parzellierung der Erlös zu wohltätigen (erzieherischen) Zwecken Verwendung finden solle.
Im Jahre 1894, am 12. Februar, hatte ein Orkan eine große Menge Kiefern entwurzelt oder gebrochen.

Wie bekannt, waren die sächsischen Bauernhäuser seit uralter Zeit mit drei aus der Heidenzeit stammenden Zeichen versehen: Auf der Spitze des Giebels mit zwei Pferdeköpfen, an der Schwelle mit einem Hufeisen, neben der Tür mit einem Wedel oder Besen. Diese Zeichen waren Symbole der drei Gottheiten Wodan, Tiu und Thunar oder Donar. Für das besenartige Zeichen hat man den Namen Donnerbesen gewählt. Diese Zeichen fanden sich auch an Bauernhäusern in Eppendorf.

Auch sogenannte Hof- oder Hausmarken, die ebenfalls auf altgermanische Einrichtungen (die Runen) zurückgehen, hatten die bäuerlichen Familien Eppendorfs in alter Zeit. Sie wurden auf die Hausbalken gesetzt, das Vieh damit bezeichnet, die Kühe an den Hörnern, die Schafe an den Ohren, die Gänse an den Schwimmhäuten. Man sah sie an den Bienenkörben, am Hausgerät und später auch an den Kirchenstühlen. In den Klosterbüchern, als Unterschriften, erscheinen die Hofmarken zuerst 1608. Mit der zunehmenden Kunst des Schreibens verschwanden Anfang 1700 die Hofmarken aus den Klosterbüchern und Amtsregistern.

Eine ganze Reihe Eppendorfer Hofmarken ist uns aufbewahrt, die hier mit den Namen und Jahreszahlen folgen:*)

---

*) Aus: Die Kollauer Chronik von Hansen-Sottorf.

Kron, Hein Vogt, 1608—19

Krohn, Michael, 1645

Krohn, Hieronymus, 1651

Schilling, Lutke, 1613, 21, 48

Timmermann, Heyn, 1627, 28, 49, 56

Schröder, Peter, 1625

Gätkens, Lorents, 1611

Gätkens, Lafrens, 1611

Gätkens, Jürgen, 1638

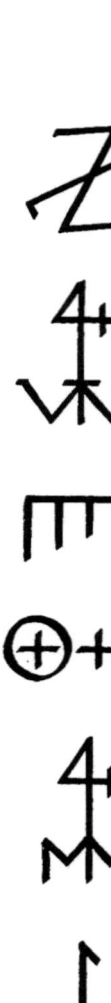

Schröder, Johann, 1625

Kramer, Lutke, 1622

Krohn, Thieß, 1625, 28, 34

Krohn, Joachim, 1610

Möhle, Markus, 1633

Meyer, Franz

Schilling, Lutke, Sohn, 1648

Schlubeke, Hans, 1644, 47

Die beigegebene Karte stellt das Dorf Eppendorf dar vom Jahre 1774. Es bestanden schon die Eppendorfer Landstraße, der Loogestieg, die jetzige Goernestraße, Schrammsweg, Kirchentwiete und der Kirchenweg, die jetzige Ludolfstraße, wenn die Namen für diese Straßen auch noch nicht existierten: es waren ja Dorfstraßen. Im Südosten von dem Dorfe nahm die Looge einen großen Platz ein; von der Looge aus erstreckten sich viele Wiesen bis an die Alster und den Isebek. Südwestlich vom Dorfe lag Ackerland. Der Steg über die Alster ist gezeichnet, und man sieht, daß der Weg in Eppendorf hinein um das Ostende der Kirche herumgeht. Der Schlagbaum am Eppendorferbaum, mit dem Baumhäuschen, ist zu erkennen, ebenso die zwei Räder der Wassermühle am Tarpenbek. Am Ende des Schrammsweges sieht man den Dorfteich. Wie die Aufschrift sagt, enthält diese alte Karte von Eppendorf auch alle Namen der damaligen Bewohner des Dorfes. Zu erkennen sind folgende:

Am Loogestieg rechts wohnte damals Kellinghusen (später Higson), Ecke Loogestieg und Eppendorfer Landstraße: Diedrich Glashoff (1764) (später war hier der Andreasbrunnen). An der Eppendorfer Landstraße, von Loogestieg bis Goernestraße, wohnten: Johann Grot (dahinter die Wachsbleiche), P. W. Schütze, Weyrauch (1755) und Lucas Albert Oldenburg. Dies Gebiet wurde später der Besitz der Familien Schröder und Knauer. Ecke Schrammsweg und Landstraße wohnte damals Ehlers, Ende Schrammsweg Vincent Matsen (1769), am Schrammsweg links, dem Dorfteich gegenüber, Johann Franz Ellerbrock (1773), an der Ecke Kirchentwiete links und rechts Caspar Paul Krohn (1770) (dies war der spätere Meißnersche Besitz). An der rechten Seite der Eppendorfer Landstraße, ungefähr vom Schrammsweg bis Marktplatz, befand sich ein Park von Bäumen; hinter dem Park wohnte Johann Hinrich Berkemeyer (1774), vor dem Marktplatze Guillaume Boué (1764). Am Marktplatze rechts wohnten Albert Timmermann (1702) und Hans Pann (1764), links der Klostervoigt. Es war der Klostervogt des St. Johannis-Klosters zu Harvestehude. Derselbe hatte auf die Grenzen des Klosters zu achten, darauf zu sehen, daß die Ländereien, Holzungen, sowie die Jagd des Klosters, die Land- und Wasserwege in seinem Gebiete in gutem Zustande waren. Er hatte auch die Polizei zu besorgen, die Bauern zur Erfüllung ihrer Hofpflicht anzuhalten und die ausstehenden Kontributionen einzutreiben. Seine Wohnung hatte er in Eppendorf oder Eimsbüttel zu wählen.

An der Eppendorfer Landstraße, von der jetzigen Friedenseiche an links, wohnten: Claus Pröttger, Claus von Elben, Joachim Ellerbrock (1709), A. Mähl, Jochen Fahrn, H. Krohn, Jacob Lageman, Johann Wohlers. Vor dem Mühlenteiche stand links der Herrn Hoff, das spätere Lust- und Sommerhaus des St. Johannis-Klosters (1755), und rechts die Wassermühle.

Am Kirchenweg links wohnten Vogt Albert Timmermann (der Dorfvogt) und Hermann Giese (1754) und rechts Schuback (1765). Hinter der Kirche wohnte Peter Joachim Haakke. Dahinter liegt an der Alster noch ein Besitz, der ohne Namen ist, aber nach Zeichnung des Gebäudes und der Anlagen schon das spätere Seelemannsche Grundstück zu sein scheint.

Unter gütiger Beihilfe von Herrn Dr. Goverts ist es möglich geworden, über einige dieser Besitzungen Material aus den alten Grundbüchern zu beschaffen. Es mögen hier folgende Angaben folgen:

Ecke Landstraße und Loogestieg rechts:

    1773 *Joachim Kellinghusen*
    1826 Joachim Carl Kellinghusen
    1861 John Kidling Higson
    1894 Carl Georg Wilhelm Framm

---

Ecke Landstraße und Loogestieg links:

    1764 *Diedrich Glashoff*
    1786 Peter Glashoff
    1787 Christian Heinrich Bechstein
    1816 Catharina Barbara Ahlers, geb. Bechstein
    1820 Christian Detlev Fehland

1824 Georg Andreas Knauer
1855 Carl Julius Steinbach
1878 Dr. Daniel Heinrich Jacoby
1886 Adam Hermann Wessely

---

Es mögen in folgendem die Namen genügen, die Lage des Grundstückes geht aus der Karte hervor:

1752 *Johann Grohten*
1797 Johann Georg Hasche
1816 Johann Adolph Holder
1854 Johann Carl Leiders
1878 Conrad Johann Fölsch

---

1755 *John Balthasar Weyrauch*
1797 Ludwig Erwin Seyler
1832 Georg Wilhelm Bech
1838 David Knauer
1851 Georg Knauer

---

1756 *Heyn Jochen Ehlers* (1. Grundstück)
1781 Georg Bernhard Ehlers
1785 Dorothea Adelheid Mehrdorff
1800 Georg Andreas Knauer
1859 Wilhelm Julius Emanuel Gertig
1898 Nach desselben Testament

---

1774 *Heyn Jochen Ehlers* (2. Grundstück)
1800 Georg Andreas Knauer
1854 Christine Elisabeth, geb. Knauer,
   Jürgen Sthamers Ehefrau
1860 Johann Ernst Friedrich Brandt
1885 Kaspar Gustav Adolph Buchheister

―――

1763 *Vincent Matsen*
1788 Johann Heinrich Nolte
1804 Friedrich Carstens
1815 Johann Peter Kähler
1834 Georg Henri Martin Backenberg
1847 Johannes Christopher Wilhelm Becken

―――

1773 *Johann Franz Ellerbrock*
1792 Hans Langeloh
1824 Johann Langloh
1839 Hans Langloh
1861 Gesa geb. Heuser, Hans Langlohs Witwe,
   und Johann August Langloh
1875 Johann August Langloh

―――

1770 *Caspar Paul Krohn*
1788 Jürgen Christoph Langeloh
1794 Hermann Friedrich Goverts

1801 Georg Heinrich Justus
1829 Johann Friedrich Justus
1852 Wilhelm Goßler
1897 Wilhelm Goßler Erben

Ein abgeteiltes Stück dieses Grundstücks:

1818 Johann August Meißner
1867 Theodor Gottlieb Meißner
1886 August Gottlieb Meißner

---

1764 *Guillaume Boué*
1789 Catharine Boué
1811 Johann Peter Schäffer
1831 Christian Georg Borchert, Klostervogt.
1871 Heinrich Friedrich Hinsch
1880 Johann Peter Mähl
1882 Johann Heinrich Christian Hack
1898 Eduard Carl Martin Koch

---

1770 *Albert Timmermann*
1783 Jochem Timmermann
1811 Joachim Timmermann
1846 Joachim Timmermann
1879 Joachim Heinrich Timmermann

---

1756 *Johann Jacob Wohlers*
1793 Johann Albert Wohlers
1834 Johann Nicolaus Wohlers
1872 Desselben Erben
1873 Johannes Christian Becker

---

1774 *Albert Timmermann jun., Vogt*
1857 Albert Timmermanns Witwe
1861 bis 1869 Dito und Kinder 2. Ehe
1869 Claus Johannes Timmermann

---

1765 *Dr. Schuback*
1784 Franz v. Spreckelsen
1802 Claus Peter Taun
1821 Caspar Hinrich Buck
1840 Charles Fréderic Drège
1842 Johann Friedrich Krohse

---

Da wir in unseren Schilderungen der Vergangenheit Eppendorfs schon mehrmals nahe an die Gegenwart herangekommen sind, so mag es auch gestattet sein, über die beiden ältesten Vereine Eppendorfs, die ohne Zweifel für die Entwickelung dieses Stadtteiles in den letzten 75 Jahren von Bedeutung gewesen sind und noch heute bestehen, etwas zu berichten: Es sind der Eppendorfer Bürgerverein und der Eppendorfer

Sängerbund. Der Eppendorfer Bürgerverein ist im Jahre 1875 am 25. Februar von 25 Männern im Lokale von H. F. Hencke gegründet worden. Er hatte zuerst den Namen „Eppendorfer Verein" und wurde erst am 13. April 1893 durch Annahme neuer Statuten in einen Bürgerverein umgewandelt, indem die bisherigen Mitglieder ohne weiteres Mitglieder blieben, auch wenn sie das Bürgerrecht nicht erworben hatten. Der erste Vorsitzende war C. Zimmermann bis zu seinem im Jahre 1892 erfolgten Tode. Dann führten den Vorsitz der Reihe nach Buchheister, Brückner, Wessely, Muxfeldt, Dr. Breer, Dr. Meyer, Hellwig. Seine Versammlungen hat der Verein abgehalten in folgenden Lokalen: Hencke (später Timmermann), Bülk, Brandt, Zanzig, Keglerheim. Es ist ohne Zweifel, daß die Entwickelung des Vorortes Eppendorf zu seiner heutigen Gestalt in hervorragender Weise das Werk der Anregung und der tatkräftigen Hilfe dieses Vereines ist. Seine Arbeit in der Lösung kultureller Aufgaben bestand zunächst in der kräftigen Förderung und Besserung der Eppendorfer Schulverhältnisse. Daß für die Eppendorfer Jugend, die eine zeitlang, als Eppendorf sich so schnell vergrößerte, schlecht untergebracht war, mehr Schulhäuser gebaut wurden, daß hier 1882 eine gewerbliche Fortbildungsschule errichtet, daß Eppendorf bereits im Jahre 1904 eine Realschule, die nach einigen Jahren in eine Oberrealschule umgewandelt wurde, erhielt, war zum großen Teil der kräftigen Förderung des Eppendorfer Bürgervereins zu verdanken. Zur Wirksamkeit auf kulturellem Gebiete gehören auch die zahlreichen Vorträge, die der Verein zur Bildung und Aufklärung seiner Mitglieder halten ließ.

Das Gebiet jedoch, auf welchem der Verein seine bedeutendste Tätigkeit entfaltete, war die Ausgestaltung des Vorortes Eppendorf, die Bebauungs-, Straßen- und Verkehrsverhältnisse. Doch seine Tätigkeit und sein Einfluß erstreckten sich auch auf Verhältnisse, welche die Gesamtvaterstadt Hamburg berührten. Er stellte z. B. in früherer Zeit seine eigenen Kandidaten für die Bürgerschaftswahlen auf und brachte sie durch. So wurde im Jahre 1886 Dr. Schröder aufgestellt und gewählt, der dann im Jahre 1889 Senator wurde, im Jahre 1898 Brückner und 1904 Dr. Knauer. In späterer Zeit verlor der Verein seinen Einfluß auf die Wahlen, da das Wahlrecht geändert wurde. Auch mit den Kirchenvorstandswahlen hat der Verein sich immer beschäftigt.

Ganz besonders segensreich für Eppendorf war aber die Tätigkeit des Vereins für wohltätige Zwecke. Da ist besonders zu nennen seine jedes Jahr wiederkehrende Weihnachtsbescherung bedürftiger Familien in Eppendorf. Um weiter wirken zu können, hat sich der Verein im Jahre 1886 dem Zentralausschuß Hamburgischer Bürgervereine angeschlossen. Bis zum Jahre 1920 war die Zahl der Mitglieder auf ca. 200 angewachsen; da erhielt der Verein durch Beitritt zahlreicher Mitglieder der Einwohnerwehr einen bedeutenden Zuwachs, und als 1921 der Eppendorfer Kommunalverein nach seiner Auflösung sich mit dem Eppendorfer Bürgerverein vereinigte, stieg die Mitgliederzahl des letzteren auf ca. 400.

Der Eppendorfer Sängerbund wurde im Jahre 1863 gegründet. Lust und Begeisterung für den Gesang einerseits, anderseits die Erfolge, die der im benachbarten Groß-Borstel bestehende Gesangverein zu verzeichnen hatte, gaben den Herren J. von Ahn, Wendelburg, P. Kruse, H. Mahler und J. Rippens in Eppendorf den Mut, gleichgesinnte Leute zur Bildung eines Gesangvereins aufzufordern. Die gesangliche Leitung übernahm zuerst Gesanglehrer Walter. Die ferneren Dirigenten waren Stubbe, Grauert, Segebrecht, Siems, Putzar. Der letztere leitete den Sängerbund 27 Jahre; nach seinem Abgang im Jahre 1899 übernahm Haubenreißer die Leitung. Zahlreiche Festlichkeiten in Eppendorf selbst oder an andern Orten, indem er mit andern Vereinen sich vereinigte, hat der Eppendorfer Sängerbund durch seine Mitwirkung verschönt. Im Jahre 1869 schon war der Verein in der Lage, sich eine Fahne zuzulegen, die aus blauer Seide mit Silberstickerei verfertigt war, und deren Stange eine silberne Spitze hatte. Besonders feierlich gestaltete sich die Feier der Pflanzung der Friedenseiche, an der der Sängerbund mit seiner prächtigen Fahne aktiven Anteil nahm. Als ein wichtiges Ereignis in der Geschichte des Sängerbundes wird es erwähnt, daß am 25. Juni 1879 dem Herrn Pastor Dr. Hanne bei seinem Amtsantritt von den Gesangvereinen Eppendorfer Sängerbund, Liedertafel Alstertal, Großborsteler Gesangverein und Liedertafel des Pöseldorfer Bürgervereins zur Begrüßung ein Ständchen gebracht wurde. Als im Jahre 1882 vom 10. bis 13. August das 3. deutsche Sängerbundesfest mit großem Erfolge hier in Hamburg stattfand, reifte in dem Eppendorfer Sängerbund der Entschluß, um Aufnahme in den Bund nachzusuchen. Am 16. Dezember desselben Jahres kam die Nachricht, daß er aufgenommen sei. Im Jahre 1887 wurde der Verein infolge des ausgezeichneten Vortrages des Liedes: „Durch den Wald", von H. Schäffer, einstimmig als Mitglied der Vereinigten Männergesangvereine von Hamburg-Altona aufgenommen. Bei Konzerten zur Aufbringung von Mitteln für die Errichtung eines Heinicke-Denkmals wirkte der Verein zweimal mit; auch beteiligte er sich am 14. Juli 1895 an der

Abbildung 54

Enthüllungsfeier des Denkmals durch Vortrag mehrerer Lieder. Glanzvolle Festabende waren es immer im Eppendorfer Sängerbunde, wenn das Mitglied *der Töpfermeister Wegener* (Abb. 54) als Humorist auftrat und seine die Lachmuskeln heftig in Bewegung setzenden plattdeutschen Vorträge hielt. Er war allgemein unter dem Namen „Eppendorfer Original" bekannt. So hat der Eppendorfer Sängerbund ein reges Leben entfaltet und viel Freude bereitet bis in die Gegenwart hinein.

Einige kurze Worte seien noch der Militärischen Kameradschaft Eppendorf-Winterhude von 1883 gewidmet, deren vornehmste Aufgabe ist, die frühere Kameradschaft der Mitglieder im bürgerlichen Leben zu erhalten und zu fördern, die Liebe und Treue zum deutschen Reiche zu pflegen, den verstorbenen Kameraden ein feierliches Begräbnis zu bereiten und hilfsbedürftige Mitglieder, sowie die Witwen und Waisen verstorbener Kameraden zu unterstützen. Der Verein wurde am 30. Januar 1883 von den Kameraden A. Krohn, J. Kruse, A. Tychsen, A. Kötke, H. Stoffers und H. Hinz gegründet und zum ersten Vorsitzenden Kamerad Waege erwählt. Durch Beschluß der Generalversammlung im Jahre 1884 wurde eine Unterstützungskasse gegründet. Zur Beschaffung einer Fahne mußte die Mildtätigkeit der Bewohner von Eppendorf und Winterhude in Anspruch genommen werden. Die Fahne wurde für den Preis von 323 Mk. von der Bonner Fahnenfabrik geliefert und ist anläßlich des dritten Stiftungsfestes, am 30. Januar 1886, eingeweiht worden. Im Jahre 1887 wurde zum ersten Male der Witwe eines verstorbenen Kameraden eine Sterbebeihilfe von 50 Mk. bewilligt. Einem Kameraden bei seiner Beerdigung Trauermusik zu stellen und ihm am Grabe einen Nachruf zu widmen, war das Ergebnis der Versammlung vom 11. November 1890. Die Anschaffung eines Pokales, um die neueingeführten Kameraden mit einem kräftigen Trunke willkommen zu heißen, wurde 1891 beschlossen. Der Antrag, bei Todesfällen von Ehefrauen der Kameraden einen Kranz zu überreichen, wurde 1894 angenommen. In der Versammlung am 9. April 1895 wurde der Beitritt zum Hamburger Kriegerverband beschlossen. Als hundertes Mitglied wurde Kamerad Ernst Ellerbrock am 9. Februar 1897 aufgenommen. Laut Beschluß der Februarversammlung 1899 wurde die Sterbebeihilfe gestaffelt und wie folgt festgesetzt:

Bei 5 Jahre Mitgliedsdauer . . . . . . . 50 Mk.
„ 5—10 Jahre Mitgliedsdauer . . . . 80 „
„ 10—15 „ „ . . . . 120 „
„ über 15 „ „ . . . . 150 „

In der Januarversammlung 1900 wurde Kamerad Senator Dr. C. August Schröder einstimmig zum Ehrenmitgliede und in der Januarversammlung 1908 zum Ehrenvorsitzenden ernannt.

Die Mitgliederzahl 300 wurde im Jahre 1906 überschritten. Das Vereinsjahr 1908 brachte der Kameradschaft das bedeutungsvollste Fest seit ihrer Gründung, nämlich die Feier ihres 25jährigen Bestehens und die Weihe einer neuen Fahne, das Fest, welches unter Teilnahme fast ganz Eppendorfs im Winterhuder Fährhause gefeiert wurde und von befreundeten Kameradschaften sehr gut besucht war. Die Beschaffung eines Ehrenzeichens für 25jährige Mitgliedschaft wurde im Jahre 1910 beschlossen.

Recht einschneidende Veränderungen brachte dann der Weltkrieg in das Vereinsleben. Von den 401 Kameraden wurden 221 zu den Waffen eingezogen, von denen 14 den Heldentod für das Vaterland erlitten haben. Die Ehrentafel für die Gefallenen wurde am 6. Oktober 1919 eingeweiht. Für Liebesgaben an die Kameraden im Felde und Unterstützungen der Familien der eingezogenen Kameraden wurden 1445,19 Mk. verausgabt.

Die Mitgliederzahl ging im Kriege auf 332 zurück, hob sich dann aber bald wieder, so daß das Jahr 1924 mit einem Mitgliederbestande von 617 Kameraden beschließen konnte.

Hervorragenden Anteil nahm die Kameradschaft an dem Fest zur Beschaffung neuer Glocken für die Eppendorfer Kirche am 28. Juni 1924 in sämtlichen Räumen des Winterhuder Fährhauses. Um die Versammlungen immer abwechselungsreich zu gestalten und allen Kameraden etwas zu bieten, hat die Kameradschaft die Einrichtung getroffen, daß in jedem dritten Monat im Vierteljahr die Versammlung mit Damen ist, in jedem zweiten Monat im Vierteljahr ein lehrreicher Vortrag gehalten wird. Diese seit etwa vier Jahren eingeführte Einrichtung hat sich sehr gut bewährt, und sind alle Versammlungen stets sehr gut besucht.

Das Amt des ersten Vorsitzenden der Kameradschaft haben in der Zeit von der Gründung im Jahre 1883 bis heute folgende Kameraden der Reihe nach verwaltet: A. Waege, Lau, Eggers, Vollrath, H. Meyer, N. Bartels, H. Steer, Otto, N. Bartels, Bernhardt, R. Schwarting, W. Stahmer, H. Hennings, M. Pohl, H. Hennings, O. Kellner, O. Rasehorn, J. Brückner.

# Anhang

Anhang 1
Blick von Winterhude aus auf Eppendorf

Anhang 2
Die alte Apotheke an der Landstraße

Anhang 3
Eppendorfer Feuerwehr

Anhang 4
Noch stehende Häuser am Markt

Anhang 5
Blick in die Kirchentwiete

Anhang 6
Vorstand des Eppendorfer Vereins bei der zehnjährigen Stiftungsfeier, 1885
Namen:
Hausmann, Nobiling, Ellerbrock, Gänger, Lüders, Lunk, Pöppelau,
Schleiden, Wirtz, Zimmermann, Bejöhr, Eggers

Anhang 7
Das Gehöft Wohlers an der Landstraße

Anhang 8
Vorstand des Eppendorfer Bürgervereins beim fünfzigjährigen Jubiläum, 1925
Namen:
Jaeke, Brückner, Michaelis, A. Wiese, Stahmer,
Hupe, Dr. Gabe, Hellwig, Schwarz, O. Wiese

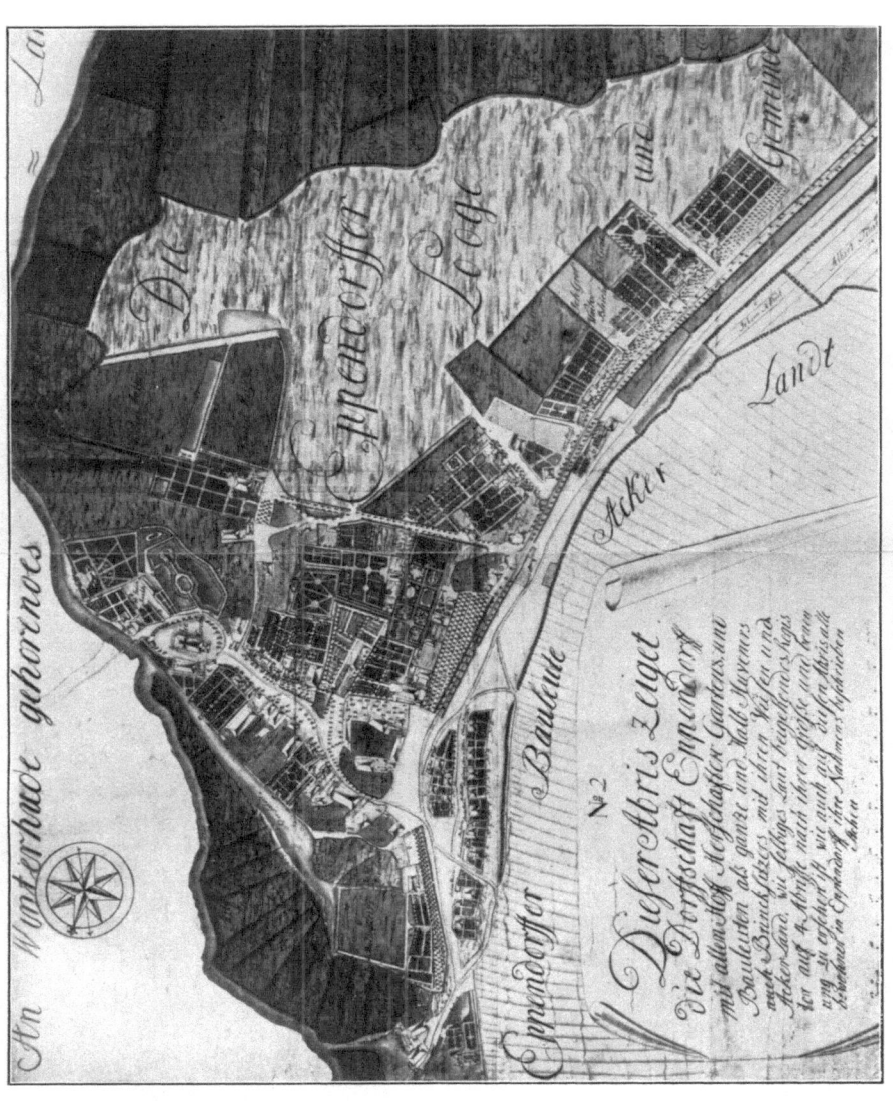

Karte des Dorfes Eppendorf vom Jahre 1774
Staatsarchiv